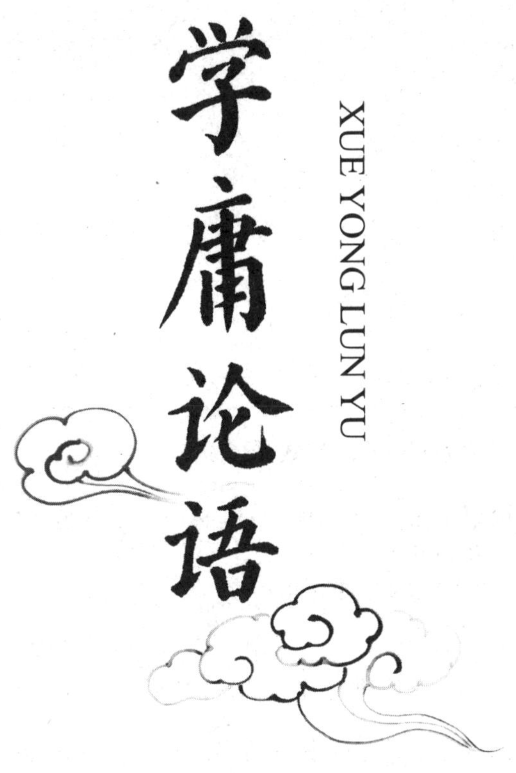

主　编　张葆全
副主编　陈广林　罗　元

·桂林·

图书在版编目（CIP）数据

学庸论语 / 张葆全主编. —桂林：广西师范大学出版社，2014.6
ISBN 978-7-5495-5393-8

Ⅰ. ①学… Ⅱ. ①张… Ⅲ. ①儒家②《大学》③《中庸》④《论语》 Ⅳ. ①B222.1

中国版本图书馆 CIP 数据核字（2014）第 082603 号

广西师范大学出版社出版发行
（广西桂林市中华路 22 号　邮政编码：541001
网址：http://www.bbtpress.com）
出版人：何林夏
全国新华书店经销
桂林漓江印刷厂印刷
（广西桂林市西清路 9 号　邮政编码：541001）
开本：720 mm × 960 mm　1/16
印张：14.125　　字数：150 千字
2014 年 6 月第 1 版　　2014 年 6 月第 1 次印刷
印数：0 001~6 000 册　　定价：20. 00 元

诵千年国学经典　圆文化“中国梦”

2013年11月26日，中共中央总书记、国家主席习近平考察了山东曲阜孔庙。在孔子研究院，他拿起《孔子家语通解》和《论语诠解》两本书，说要“仔细看看”。这传递出了一种对中国传统文化特别是对国学的重视。当前，我国正走在实现中华民族伟大复兴、共圆“中国梦”的大道上，而要实现中华民族的伟大复兴，进而圆“中国梦”，文化复兴是根本。以孔子儒家思想为代表的中华传统文化再一次进入人们的视野。

作为四书之首的《论语》可谓高山大海，金声玉振。至今，我国还没有哪部书像《论语》一样，闪现出那么多的名言警句，浓缩着那么深刻的生命哲理，揭示出那么丰富的人生奥秘。北宋宰相赵普曾说过：“半部《论语》治天下。”长期以来，《论语》亦被誉为中国人的《圣经》，蕴含着中国人的基本信仰与信念，是中国人的安身立命之道，是家传户诵之学，是中华文化的核心价值。1988年，75位诺贝尔奖获得者在巴黎发表联合声明：“21世纪人类要想生存，必须汲取2000多年前孔子的智慧。”而最能代表孔子智慧和思想的那本书无疑就是《论语》。联合国大厦便镌刻着孔子的一句话：己所不欲，勿施于人。因而，作为中华民族固有之学问的国学不仅是中国人做人的根本，而且是全人类文明中最光辉、最宝贵的精神财富。

中国传统文化由儒、释、道三家，文、史、哲三科，天、地、人三学合构而成。在这种传统文化基础上孕育出来的传统人文精神主要体现在三个方面：在人与自然的关系上，顺自然而以人为本；在人与社会的关系上，循人伦而以和为本；在人与自我的关系上，重体验而以乐为本。处于这种精神熏陶之下的中国古代知识分子，逐渐形成了“为天地立心，为生民立命，为往圣继绝学，为万世开太平”的使命意识；“居庙堂之高则忧其民，处江湖之远则忧其君”的忧患意识；“穷则独善其身，达则兼济天下”的济世情怀；“天下兴亡，匹夫有责”的社会责任；“修身齐家治国平天下”的人生路向和“天人合一”的终极理想。同时，中国古代知识分子十分注重以“内省”来提高道德修养，并且主张通过自身的体验感受快乐。中国古代哲学家、文人讲涵咏，讲六艺之学，即礼、乐、射、御、书、数，讲诗词歌赋、琴棋书画，讲人的品位、人的意境。他们主张人要活得有尊严、有格调、有价值、有意义。要养气、养心、养性、养情。靠什么养？在古代靠人文的“六艺”之学之教，靠四书五经。

国语、国文、国学的教育是国本，不可动摇。中国教育最显著的特征是综合观，即大教育观。中国传统教育认为，教育这一系统是整个社会大系统中的一个子系统，许多教育问题实质上是社会问题，必须置于整个社会系统中加以考察和解决；而教育又渗透到社会各子系统之中。《礼记·学记》把教育的社会功能概括为十六个字：“建国君民，教学为先；化民成俗，其必由学。”教育的功能表现在两个方面：一是培养国家所需的各类人才，二是形成良风美俗、道德风尚与人文环境。这两者又是相互联系、交叉整合的。因此，进行国学教育，其实是在培养年轻一代的国民意识和社会责任，以及对国家与民族大任的自觉担当精神。

2013年，围绕国学和中华传统文化的话题更是接连不断：一是教师节期间，曾有人提议，今后将我国的教师节改为“万世师表”孔子的诞辰日——9月28日。二是教育部同意大陆30所中学引进台湾国学教材。三是北京试行高考改革，准备将语文试卷总分从原来的150分提高至180分，英语总分从原来的150分降至100分……在这样的形势下，编印注音版的《学庸论语》似乎是应时之作，其实不然，早在一年前主编即有出版此书的意向，主要是为公益项目“希望教师”和“小黑板计划”推出，由大学生与孤儿和留守儿童结对共同学习国学经典，在对国学的体验中更好地涵养古典情怀，塑造完美人格。

广西师范大学党委书记　王枬

儿童读经的时机、内容和方法

时机：越早越好

人的生命随着时间的推移而发展，教育时机则是生命发展中的一个关键问题。孩子应该接受教育的时候没有接受到应有的教育，浪费的不仅是时间，更是生命的潜能，甚至影响孩子一生的发展。所以，孩子学习的关键期不容忽视。

那么，学习应该从什么时候开始呢？

学习应当从有生命的时候开始。越早教育，对一个人的影响就越大。研究发现，孩子在13岁之前，主要是吸收记忆，处于酝酿时期；13岁以后，则进入理解、应用、创造阶段。如果13岁之前吸纳不好，此后的创造就不可能产生质的飞跃。因此我们应该用好孩子人生的头13年。孩子应该用13年的时间来吸纳中国5000年的文化精华，乃至西方大量的文化精华，这样，13岁的孩子就能满腹经纶、博古通今。而所谓“文化精华”，就是经典。诵读并记忆经典的教学法，称为“读经教育”。儿童吸收经典，犹如海绵吸水一样，甚至可以全盘吸收，全部堆存在生命的深处，将来慢慢地发酵，就好像种子种下去一样，慢慢生根、发芽、开花、结果。所以，为孩子一生谋划，父母与老师不要问孩子要不要读经典，而应毫不犹豫地让他读经典。这样，才算真正肩负起了教育的责任。

就孩子而言，他们也有相当的好奇心与理解力，家长和老师也要给予满足，满足的方法就是阅读。小学期间一个学期只死守着几册课本是远远不够的，应该放开手让孩子大量阅读，一个学期可以看几十本甚至几百本课外读物。由于读经典的孩子阅读能力特别强，课外阅读非但不会成为他们的负担，还会给其带来无穷的乐趣。有了学习的乐趣，犹如自我开掘了一条源远流长的文化河流，取之不尽，用之不竭。

孩童时代是人类脑神经发展的最佳时段，而读经是增长脑神经最简便有效的方法，不仅记忆力可以有5倍到10倍的增长，而且理解力也因而提升。现在读经典的孩子，一篇文章读上两遍三遍就能背诵者越来越多，过目不忘也已不再是什么新闻。而一旦拥有了这种记忆力和理解力，各种功课，包括外语、数学等学科都会得心应手，事半功倍。

内容：越深越好

一般人都知道“语文是一切学习的基础”，高效率提升孩子语文水平的秘诀，就是加深学习内容，也就是越经典越好。你教小孩什么，他就会什么。教得浅，他学得就浅；教得深，学得就深。教学从高深开始，浅显的就几乎不用教了。高深的文章背多了，低浅的文章就迎刃而解。所以语文教学，应该只教经典，教经典的方法，就是让孩子背诵。经典背多了，其他的知识可以让他自己看课外书来学习，这样不但能扩大他们的知识面，而且他们以后的学习也会变得轻松自如。

人类学问浩如烟海，学习内容必须有所选择。不选择经典，就有可能选择低俗文化。2500多年来，大浪淘沙，《论语》《老子》成为中华民族

公认的经典、世界共同的智慧。其他如《大学》《中庸》《孟子》《庄子》也进入经典之列。这些经典的思想文化价值经久不衰，成为所有大师生命成长必需的精神食粮，任何白话文都难望其项背。即使此后的唐诗、宋词、元曲、明清小说等，也不可相提并论。

在考察语文教育时发现，一个班的孩子读《三字经》，另一个班的孩子读《论语》，一年之后，他们的文化水平相差甚远，数十年之后，当更有天壤之别。所以，我呼吁：我们的语文教育要有百年眼光！教最深的经典内容，为孩子一生的发展进行文化奠基。

教孩子语文，与其教唐诗，不如教诸子百家。因为唐朝诗人都是学习诸子百家而后成为诗人的。而学诸子百家，不如学四书五经。四书五经学多了，诸子百家学起来就会心领神会。四书五经当以四书为核心，四书又以《论语》为首要。所以，中国人要读的第一本书就是《论语》。不读这一本书，就不能称其为真正意义上的中国文化人！第二本书是《老子》，诵读《论语》《老子》，当是儿童教育的主轴。其外围则可从经、史、子、集中选读，其次才是教读唐诗宋词。

方法：六字箴言——“小朋友，跟我念”

当今的教学方法可谓五花八门，但真正有用者却寥寥无几。究其主要原因，多以“理解”为标准，于是必须选择“简单易懂”的教材，既然简单易懂，儿童是可以自己学会的，但现在安排必须由老师教，老师只好简入繁出，把简单的东西故意说得很繁琐，结果多是“你不说我还明白，你越说我越糊涂”。

其实，大道至简，最简约的方法也是最有效的方法。尤其是读经典，只要熟读了、记忆了就好，不必管他了解不了解，则更不必讲解了。我倡导的读经教学法最为简易，只有两句话，六个字，称为读经教学六字箴言——“小朋友，跟我念”。真是简明到令人难以想象的地步。

为什么说“小朋友”这三个字呢？一方面，父母或老师说“小朋友”的时候，孩子感到十分亲切，心理上便会产生愉悦感，有了这种感受，学起来才能提高效率。另一方面，一叫“小朋友”，便可以引起孩子的注意，愈是注意力集中的孩子，学的效果就愈好。孩子注意力集中的时间不会持久，这就需要父母或老师经常性地叫“小朋友”，这叫“耳提面命”，这种提醒是一种让孩子保持注意力时间持久、提高学习效率的简约而又有效的方法。

为什么说“跟我念”呢？孩子天性很像猴子，好奇、模仿。模仿父母或老师是孩子学习的开始，而“跟着念”是孩子的天性。人类都是跟着父母、长辈学习与成长的。越是低等的动物，幼儿期就越短，跟着学习的时间也就越短；越是高等的动物，幼儿期就越长，跟着学习的时间也就越长。人是万物之灵，模仿的期间长达 13 年。我们应该让孩子在这 13 年之内多跟着父母、老师学，这是天理所在。错失良机，影响了孩子发展的潜能，有违天理。

所以要教孩子什么呢？教经典。怎么教呢？反复念，最好读到滚瓜烂熟，读到终生不忘。因为这种反复“念”会使书中的智慧将慢慢地浸润到孩子的心灵中，融化在他们的血液里。短时间内可提升他们的语文能力，而且可将这种能力转为他们自我学习的能力，长久来看，更可以成为他们终生智慧的源头活水，况且由父母带子女一起读经，一方面增进了亲子之祥和，是很好的亲子活动，另一方面父母也因读经而受益。

以上文字根据王财贵博士在广西师范大学所做的报告整理

目录

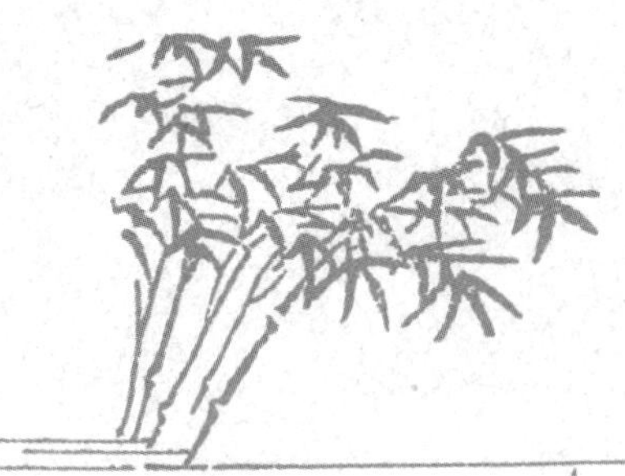

目录

dà xué
大学

1

dà xué zhī dào zài míng míng dé
大学之道，在明明德，
zài qīn mín zài zhǐ yú zhì shàn zhī zhǐ
在亲民，在止于至善。知止
ér hòu yǒu dìng dìng ér hòu néng jìng jìng ér hòu néng
而后有定，定而后能静，静而后能
ān ān ér hòu néng lǜ lǜ ér hòu néng dé wù
安，安而后能虑，虑而后能得。物
yǒu běn mò shì yǒu zhōng shǐ zhī suǒ xiān hòu zé
有本末，事有终始，知所先后，则
jìn dào yǐ gǔ zhī yù míng míng dé yú tiān xià
近道矣。古之欲明明德于天下
zhě xiān zhì qí guó yù zhì qí guó zhě xiān qí qí
者，先治其国；欲治其国者，先齐其
jiā yù qí qí jiā zhě xiān xiū qí shēn yù xiū qí
家；欲齐其家者，先修其身；欲修其
shēn zhě xiān zhèng qí xīn yù zhèng qí xīn zhě xiān
身者，先正其心；欲正其心者，先

chéng qí yì yù chéng qí yì zhě xiān zhì qí zhī
诚其意；欲诚其意者，先致其知；
zhì zhī zài gé wù wù gé ér hòu zhī zhì zhī
致知在格物。物格而后知至，知
zhì ér hòu yì chéng yì chéng ér hòu xīn zhèng xīn
至而后意诚，意诚而后心正，心
zhèng ér hòu shēn xiū shēn xiū ér hòu jiā qí jiā qí
正而后身修，身修而后家齐，家齐
ér hòu guó zhì guó zhì ér hòu tiān xià píng zì
而后国治，国治而后天下平。自
tiān zǐ yǐ zhì yú shù rén yī shì jiē yǐ xiū shēn
天子以至于庶人，壹是皆以修身
wéi běn qí běn luàn ér mò zhì zhě fǒu yǐ qí
为本。其本乱而末治者否矣，其
suǒ hòu zhě bó ér qí suǒ bó zhě hòu wèi zhī yǒu
所厚者薄，而其所薄者厚，未之有
yě
也。

2

kāng gào yuē kè míng dé tài
《康诰》曰：“克明德。”《大
jiǎ yuē gù shì tiān zhī míng mìng
甲》曰：“顾禔天之明命。”
dì diǎn yuē kè míng jùn dé jiē zì míng yě
《帝典》曰：“克明峻德。”皆自明也。

tāng zhī pán míng yuē gǒu rì xīn
汤之《盘铭》曰：“苟日新，
rì rì xīn yòu rì xīn kāng gào yuē
日日新，又日新。”《康诰》曰：
zuò xīn mín shī yuē zhōu suī jiù bāng qí mìng
“作新民。”《诗》曰：“周虽旧邦，其命
wéi xīn shì gù jūn zǐ wú suǒ bú yòng qí jí
惟新。”是故君子无所不用其极。

4

shī yún bāng jī qiān lǐ wéi
《诗》云：“邦畿千里，惟
mín suǒ zhǐ shī yún mián mán huáng
民所止。”《诗》云：“缗蛮黄
niǎo zhǐ yú qiū yú zǐ yuē yú zhǐ zhī qí suǒ
鸟，止于丘隅。”子曰：“于止，知其所
zhǐ kě yǐ rén ér bù rú niǎo hū shī yún
止，可以人而不如鸟乎！”《诗》云：
mù mù wén wáng wū qì xī jìng zhǐ wéi rén
“穆穆文王，於缉熙敬止。”为人
jūn zhǐ yú rén wéi rén chén zhǐ yú jìng wéi rén
君，止于仁；为人臣，止于敬；为人
zǐ zhǐ yú xiào wéi rén fù zhǐ yú cí yǔ guó rén
子，止于孝；为人父，止于慈；与国人
jiāo zhǐ yú xìn shī yún zhān bǐ qí yù lù
交，止于信。《诗》云：“瞻彼淇澳，菉
zhú yī yī yǒu fěi jūn zǐ rú qiē rú cuō rú
竹猗猗。有斐君子，如切如磋，如
zhuó rú mó sè xī xiàn xī hè xī xuān xī yǒu
琢如磨。瑟兮僩兮，赫兮喧兮。有

fěi jūn zǐ zhōng bù kě xuān xī rú qiē rú cuō
斐君子，终不可谊兮。”如切如磋
zhě dào xué yě rú zhuó rú mó zhě zì xiū yě sè
者，道学也；如琢如磨者，自修也；瑟
xī xiàn xī zhě xún lì yě hè xī xuān xī zhě
兮僩兮者，恂慄也；赫兮喧兮者，
wēi yí yě yǒu fěi jūn zǐ zhōng bù kě xuān xī
威仪也；有斐君子，终不可谊兮
zhě dào shèng dé zhì shàn mín zhī bù néng wàng yě
者，道盛德至善，民之不能忘也。
shī yún wū hū qián wáng bú wàng jūn zǐ xián
《诗》云：“於戏！前王不忘。”君子贤
qí xián ér qīn qí qīn xiǎo rén lè qí lè ér lì
其贤而亲其亲，小人乐其乐而利
qí lì cǐ yǐ mò shì bú wàng yě
其利。此以没世不忘也。

5

zǐ yuē tīng sòng wú yóu rén yě
子曰：“听讼，吾犹人也，
bì yě shǐ wú sòng hū wú qíng zhě bù
必也使无讼乎！”无情者不
dé jìn qí cí dà wèi mín zhì cǐ wèi zhī běn
得尽其辞。大畏民志，此谓知本。

6

cǐ wèi zhī běn cǐ wèi zhī zhì
此谓知本，此谓知之
zhì yě
至也。

suǒ wèi zhì zhī zài gé wù zhě yán yù zhì
(所谓致知在格物者，言欲致
wú zhī zhī zài jí wù ér qióng qí lǐ yě gài
吾之知，在即物而穷其理也。盖
rén xīn zhī líng mò bù yǒu zhī ér tiān xià zhī wù
人心之灵莫不有知，而天下之物
mò bù yǒu lǐ wéi yú lǐ yǒu wèi qióng gù qí zhī
莫不有理，惟于理有未穷，故其知
yǒu bú jìn yě shì yǐ dà xué shǐ jiào bì shǐ
有不尽也。是以大学始教，必使
xué zhě jí fán tiān xià zhī wù mò bù yīn qí yǐ
学者即凡天下之物，莫不因其已
zhī zhī lǐ ér yì qióng zhī yǐ qiú zhì hū qí
知之理而益穷之，以求至乎其
jí zhì yú yòng lì zhī jiǔ ér yí dàn huò rán
极。至于用力之久，而一旦豁然
guàn tōng yān zé zhòng wù zhī biǎo lǐ jīng cū wú bú
贯通焉，则众物之表里精粗无不
dào ér wú xīn zhī quán tǐ dà yòng wú bù míng
到，而吾心之全体大用无不明
yǐ cǐ wèi wù gé cǐ wèi zhī zhī zhì yě
矣。此谓物格，此谓知之至也。)(附注：朱熹根据程颐意见及上下文关系补上此段)

suǒ wèi chéng qí yì zhě wú zì
所谓诚其意者：毋自
qī yě rú wù è xiù rú hào hǎo sè
欺也，如恶恶臭，如好好色，

cǐ zhī wèi zì qiè gù jūn zǐ bì shèn qí dú yě
此之谓自谦，故君子必慎其独也！
xiǎo rén xián jū wéi bú shàn wú suǒ bú zhì jiàn jūn
小人闲居为不善，无所不至；见君
zǐ ér hòu yǎn rán yǎn qí bú shàn ér zhù qí
子而后厌然，掩其不善，而著其
shàn rén zhī shì jǐ rú jiàn qí fèi gān rán zé
善。人之视己，如见其肺肝然，则
hé yì yǐ cǐ wèi chéng yú zhōng xíng yú wài gù
何益矣。此谓诚于中，形于外，故
jūn zǐ bì shèn qí dú yě zēng zǐ yuē shí mù
君子必慎其独也。曾子曰：“十目
suǒ shì shí shǒu suǒ zhǐ qí yán hū fù rùn wū
所视，十手所指，其严乎！”富润屋，
dé rùn shēn xīn guǎng tǐ pán gù jūn zǐ bì chéng
德润身，心广体胖。故君子必诚
qí yì
其意。

8

suǒ wèi xiū shēn zài zhèng qí xīn
所谓修身在正其心
zhě shēn yǒu suǒ fèn zhì zé bù dé qí
者，身有所忿懥，则不得其
zhèng yǒu suǒ kǒng jù zé bù dé qí zhèng yǒu suǒ
正；有所恐惧，则不得其正；有所
hào yào zé bù dé qí zhèng yǒu suǒ yōu huàn zé
好乐，则不得其正；有所忧患，则

bù dé qí zhèng xīn bú zài yān shì ér bú jiàn
不得其正。心不在焉，视而不见，
tīng ér bù wén shí ér bù zhī qí wèi cǐ wèi
听而不闻，食而不知其味。此谓
xiū shēn zài zhèng qí xīn
修身在正其心。

9

suǒ wèi qí qí jiā zài xiū qí shēn
所谓齐其家在修其身
zhě rén zhī qí suǒ qīn ài ér pì yān
者：人之其所亲爱而辟焉，
zhī qí suǒ jiàn wù ér pì yān zhī qí suǒ wèi jìng
之其所贱恶而辟焉，之其所畏敬
ér pì yān zhī qí suǒ āi jīn ér pì yān zhī qí
而辟焉，之其所哀矜而辟焉，之其
suǒ ào duò ér pì yān gù hào ér zhī qí è
所敖惰而辟焉。故好而知其恶，
wù ér zhī qí měi zhě tiān xià xiǎn yǐ gù yàn
恶而知其美者，天下鲜矣。故谚
yǒu zhī yuē rén mò zhī qí zǐ zhī è mò zhī
有之曰：“人莫知其子之恶，莫知
qí miáo zhī shuò cǐ wèi shēn bù xiū bù kě yǐ qí
其苗之硕。”此谓身不修不可以齐
qí jiā
其家。

10

suǒ wèi zhì guó bì xiān qí qí jiā
所谓治国必先齐其家
zhě qí jiā bù kě jiào ér néng jiào rén
者，其家不可教而能教人
zhě wú zhī gù jūn zǐ bù chū jiā ér chéng jiào
者，无之。故君子不出家而成教
yú guó xiào zhě suǒ yǐ shì jūn yě tì zhě suǒ yǐ
于国：孝者，所以事君也；弟者，所以
shì zhǎng yě cí zhě suǒ yǐ shǐ zhòng yě kāng
事长也；慈者，所以使众也。《康
gào yuē rú bǎo chì zǐ xīn chéng qiú zhī suī bú
诰》曰“如保赤子”，心诚求之，虽不
zhòng bù yuǎn yǐ wèi yǒu xué yǎng zǐ ér hòu jià
中不远矣。未有学养子而后嫁
zhě yě yì jiā rén yì guó xīng rén yì jiā ràng
者也！一家仁，一国兴仁；一家让，
yì guó xīng ràng yì rén tān lì yì guó zuò luàn qí
一国兴让；一人贪戾，一国作乱；其
jī rú cǐ cǐ wèi yì yán fèn shì yì rén dìng
机如此。此谓一言偾事，一人定
guó yáo shùn shuài tiān xià yǐ rén ér mín cóng zhī
国。尧舜帅天下以仁，而民从之；
jié zhòu shuài tiān xià yǐ bào ér mín cóng zhī qí suǒ
桀纣帅天下以暴，而民从之；其所
lìng fǎn qí suǒ hào ér mín bù cóng shì gù jūn
令反其所好，而民不从。是故君
zǐ yǒu zhū jǐ ér hòu qiú zhū rén wú zhū jǐ ér
子有诸己而后求诸人，无诸己而

hòu fēi zhū rén suǒ cáng hū shēn bú shù ér néng
后非诸人。所藏乎身不恕，而能
yù zhū rén zhě wèi zhī yǒu yě gù zhì guó zài qí
喻诸人者，未之有也。故治国在齐
qí jiā shī yún táo zhī yāo yāo qí yè zhēn
其家。《诗》云：“桃之夭夭，其叶蓁
zhēn zhī zǐ yú guī yí qí jiā rén yí qí jiā
蓁；之子于归，宜其家人。”宜其家
rén ér hòu kě yǐ jiào guó rén shī yún yí
人，而后可以教国人。《诗》云：“宜
xiōng yí dì yí xiōng yí dì ér hòu kě yǐ jiào
兄宜弟。”宜兄宜弟，而后可以教
guó rén shī yún qí yí bú tè zhèng shì sì
国人。《诗》云：“其仪不忒，正是四
guó qí wéi fù zǐ xiōng dì zú fǎ ér hòu mín
国。”其为父子兄弟足法，而后民
fǎ zhī yě cǐ wèi zhì guó zài qí qí jiā
法之也。此谓治国在齐其家。

11

suǒ wèi píng tiān xià zài zhì qí guó
所谓平天下在治其国
zhě shàng lǎo lǎo ér mín xīng xiào shàng
者：上老老而民兴孝，上
zhǎng zhǎng ér mín xīng tì shàng xù gū ér mín bú
长长而民兴弟，上恤孤而民不
bèi shì yǐ jūn zǐ yǒu xié jǔ zhī dào yě suǒ
倍，是以君子有絜矩之道也。所

wù yú shàng wú yǐ shǐ xià suǒ wù yú xià wú

恶于上，毋以使下；所恶于下，毋

yǐ shì shàng suǒ wù yú qián wú yǐ xiān hòu suǒ

以事上；所恶于前，毋以先后；所

wù yú hòu wú yǐ cóng qián suǒ wù yú yòu wú yǐ

恶于后，毋以从前；所恶于右，毋以

jiāo yú zuǒ suǒ wù yú zuǒ wú yǐ jiāo yú yòu cǐ

交于左；所恶于左，毋以交于右：此

zhī wèi xié jǔ zhī dào shī yún lè zhǐ jūn

之谓絜矩之道。《诗》云：“乐只君

zǐ mín zhī fù mǔ mín zhī suǒ hào hào zhī mín

子，民之父母。”民之所好好之，民

zhī suǒ wù wù zhī cǐ zhī wèi mín zhī fù mǔ

之所恶恶之，此之谓民之父母。

shī yún jié bǐ nán shān wéi shí yán yán hè hè

《诗》云：“节彼南山，维石岩岩，赫赫

shī yǐn mín jù ěr zhān yǒu guó zhě bù kě yǐ

师尹，民具尔瞻。”有国者不可以

bú shèn pì zé wéi tiān xià lù yǐ shī yún

不慎，辟则为天下僇矣。《诗》云：

yīn zhī wèi sàng shī kè pèi shàng dì yí jiàn yú

“殷之未丧师，克配上帝；仪监于

yīn jùn mìng bú yì dào dé zhòng zé dé guó shī

殷，峻命不易。”道得众则得国，失

zhòng zé shī guó shì gù jūn zǐ xiān shèn hū dé

众则失国。是故君子先慎乎德。

yǒu dé cǐ yǒu rén yǒu rén cǐ yǒu tǔ yǒu tǔ cǐ

有德此有人，有人此有土，有土此

yǒu cái yǒu cái cǐ yǒu yòng dé zhě běn yě cái
有财，有财此有用。德者本也，财

zhě mò yě wài běn nèi mò zhēng mín shī duó shì
者末也，外本内末，争民施夺。是

gù cái jù zé mín sàn cái sàn zé mín jù shì
故财聚则民散，财散则民聚。是

gù yán bèi ér chū zhě yì bèi ér rù huò bèi ér
故言悖而出者，亦悖而入；货悖而

rù zhě yì bèi ér chū kāng gào yuē wéi mìng
入者，亦悖而出。《康诰》曰："惟命

bù yú cháng dào shàn zé dé zhī bú shàn zé shī
不于常！"道善则得之，不善则失

zhī yǐ chǔ shū yuē chǔ guó wú yǐ wéi bǎo
之矣。《楚书》曰："楚国无以为宝，

wéi shàn yǐ wéi bǎo jiù fàn yuē wáng rén wú yǐ
惟善以为宝。"舅犯曰："亡人无以

wéi bǎo rén qīn yǐ wéi bǎo qín shì yuē ruò
为宝，仁亲以为宝。"《秦誓》曰："若

yǒu yí gè chén duàn duàn xī wú tā jì qí xīn xiū
有一个臣，断断兮无他技，其心休

xiū yān qí rú yǒu róng yān rén zhī yǒu jì ruò
休焉，其如有容焉。人之有技，若

jǐ yǒu zhī rén zhī yàn shèng qí xīn hào zhī bú
己有之，人之彦圣，其心好之，不

chì ruò zì qí kǒu chū shí néng róng zhī yǐ néng bǎo
啻若自其口出，实能容之，以能保

wǒ zǐ sūn lí mín shàng yì yǒu lì zāi rén zhī
我子孙黎民，尚亦有利哉！人之

yǒu jì mào jí yǐ wù zhī rén zhī yàn shèng ér
有技，媢疾以恶之，人之彦圣，而

wéi zhī bǐ bù tōng shí bù néng róng yǐ bù néng bǎo
违之俾不通，实不能容，以不能保

wǒ zǐ sūn lí mín yì yuē dài zāi wéi rén rén
我子孙黎民，亦曰殆哉。”唯仁人

fàng liú zhī bǐng zhū sì yí bù yǔ tóng zhōng guó
放流之，迸诸四夷，不与同中国。

cǐ wèi wéi rén rén wéi néng ài rén néng wù rén
此谓唯仁人为能爱人，能恶人。

jiàn xián ér bù néng jǔ jǔ ér bù néng xiān mìng
见贤而不能举，举而不能先，命

yě jiàn bú shàn ér bù néng tuì tuì ér bù néng
也；见不善而不能退，退而不能

yuǎn guò yě hào rén zhī suǒ wù wù rén zhī suǒ
远，过也。好人之所恶，恶人之所

hào shì wèi fú rén zhī xìng zāi bì dài fú shēn
好，是谓拂人之性，灾必逮夫身。

shì gù jūn zǐ yǒu dà dào bì zhōng xìn yǐ dé
是故君子有大道，必忠信以得

zhī jiāo tài yǐ shī zhī shēng cái yǒu dà dào shēng
之，骄泰以失之。生财有大道，生

zhī zhě zhòng shí zhī zhě guǎ wéi zhī zhě jí yòng
之者众，食之者寡，为之者疾，用

zhī zhě shū zé cái héng zú yǐ rén zhě yǐ cái
之者舒，则财恒足矣。仁者以财

fā shēn bù rén zhě yǐ shēn fā cái wèi yǒu shàng
发身，不仁者以身发财。未有上

hào rén ér xià bú hào yì zhě yě wèi yǒu hào yì
好仁而下不好义者也，未有好义

qí shì bù zhōng zhě yě wèi yǒu fǔ kù cái fēi qí
其事不终者也，未有府库财非其

cái zhě yě mèng xiàn zǐ yuē xù mǎ shèng bù chá
财者也。孟献子曰：“畜马乘不察

yú jī tún fá bīng zhī jiā bú xù niú yáng bǎi shèng
于鸡豚，伐冰之家不畜牛羊，百乘

zhī jiā bú xù jù liǎn zhī chén yǔ qí yǒu jù liǎn
之家不畜聚敛之臣，与其有聚敛

zhī chén nìng yǒu dào chén cǐ wèi guó bù yǐ lì
之臣，宁有盗臣。”此谓国不以利

wéi lì yǐ yì wéi lì yě zhǎng guó jiā ér wù
为利，以义为利也。长国家而务

cái yòng zhě bì zì xiǎo rén yǐ bǐ wéi shàn zhī
财用者，必自小人矣。彼为善之，

xiǎo rén zhī shǐ wéi guó jiā zāi hài bìng zhì suī
小人之使为国家，灾害并至。虽

yǒu shàn zhě yì wú rú zhī hé yǐ cǐ wèi guó
有善者，亦无如之何矣！此谓国

bù yǐ lì wéi lì yǐ yì wéi lì yě
不以利为利，以义为利也。

zhōng yōng
中庸

1

tiān mìng zhī wèi xìng shuài xìng zhī wèi dào xiū dào zhī wèi jiào dào yě zhě bù kě xū yú lí yě kě lí fēi dào yě

天命之谓性，率性之谓道，修道之谓教。道也者，不可须臾离也；可离非道也。

shì gù jūn zǐ jiè shèn hū qí suǒ bù dǔ kǒng jù hū qí suǒ bù wén mò xiàn hū yǐn mò xiǎn hū wēi gù jūn zǐ shèn qí dú yě

是故君子戒慎乎其所不睹，恐惧乎其所不闻。莫见乎隐，莫显乎微，故君子慎其独也。

xǐ nù āi lè zhī wèi fā wèi zhī zhōng fā ér jiē zhòng jié wèi zhī hé zhōng yě zhě tiān xià zhī dà běn yě hé yě zhě tiān xià zhī dá dào yě zhì zhōng hé tiān

喜怒哀乐之未发，谓之中；发而皆中节，谓之和。中也者，天下之大本也；和也者，天下之达道也。致中和，天

dì wèi yān wàn wù yù yān

地位焉，万物育焉。

2

zhòng ní yuē jūn zǐ zhōng yōng xiǎo

仲尼曰：“君子中庸；小

rén fǎn zhōng yōng jūn zǐ zhī zhōng yōng

人反中庸。君子之中庸

yě jūn zǐ ér shí zhōng xiǎo rén zhī zhōng yōng yě

也，君子而时中；小人之中庸也，

xiǎo rén ér wú jì dàn yě

小人而无忌惮也。”

3

zǐ yuē zhōng yōng qí zhì yǐ hū

子曰：“中庸其至矣乎！

mín xiǎn néng jiǔ yǐ

民鲜能久矣！”

4

zǐ yuē dào zhī bù xíng yě wǒ

子曰：“道之不行也，我

zhī zhī yǐ zhì zhě guò zhī yú zhě bù

知之矣，知者过之，愚者不

jí yě dào zhī bù míng yě wǒ zhī zhī yǐ xián zhě

及也；道之不明也，我知之矣，贤者

guò zhī bú xiào zhě bù jí yě rén mò bù yǐn

过之，不肖者不及也。人莫不饮

shí yě xiǎn néng zhī wèi yě

食也，鲜能知味也。”

5

zǐ yuē dào qí bù xíng yǐ fú
子曰："道其不行矣夫！"

6

zǐ yuē shùn qí dà zhì yě yú
子曰："舜其大知也与！
shùn hào wèn ér hào chá ěr yán yǐn è
舜好问而好察迩言，隐恶
ér yáng shàn zhí qí liǎng duān yòng qí zhōng yú mín
而扬善，执其两端，用其中于民，
qí sī yǐ wéi shùn hū
其斯以为舜乎！"

7

zǐ yuē rén jiē yuē yú zhì qū
子曰："人皆曰'予知'，驱
ér nà zhū gǔ huò xiàn jǐng zhī zhōng ér
而纳诸罟擭陷阱之中，而
mò zhī zhī bì yě rén jiē yuē yú zhì zé hū
莫之知辟也。人皆曰'予知'，择乎
zhōng yōng ér bù néng jī yuè shǒu yě
中庸而不能期月守也。"

8

zǐ yuē huí zhī wéi rén yě zé
子曰："回之为人也，择
hū zhōng yōng dé yí shàn zé quán quán
乎中庸，得一善，则拳拳

fú yīng ér fú shī zhī yǐ
服膺而弗失之矣。”

9

zǐ yuē tiān xià guó jiā kě jūn
子曰：“天下国家可均

yě jué lù kě cí yě bái rèn kě dǎo
也，爵禄可辞也，白刃可蹈

yě zhōng yōng bù kě néng yě
也，中庸不可能也。”

10

zǐ lù wèn qiáng zǐ yuē nán fāng
子路问强。子曰：“南方

zhī qiáng yú běi fāng zhī qiáng yú yì
之强与？北方之强与？抑

ěr qiáng yú kuān róu yǐ jiào bú bào wú dào nán
而强与？宽柔以教，不报无道，南

fāng zhī qiáng yě jūn zǐ jū zhī rèn jīn gé sǐ
方之强也，君子居之。衽金革，死

ér bú yàn běi fāng zhī qiáng yě ér qiáng zhě jū
而不厌，北方之强也，而强者居

zhī gù jūn zǐ hé ér bù liú qiáng zāi jiǎo zhōng
之。故君子和而不流，强哉矫！中

lì ér bù yǐ qiáng zāi jiǎo guó yǒu dào bú biàn
立而不倚，强哉矫！国有道，不变

sè yān qiáng zāi jiǎo guó wú dào zhì sǐ bú biàn
塞焉，强哉矫！国无道，至死不变，

qiáng zāi jiǎo
强哉矫！”

11

zǐ yuē sù yǐn xíng guài hòu shì
子曰："素隐行怪，后世
yǒu shù yān wú fú wéi zhī yǐ jūn zǐ
有述焉，吾弗为之矣。君子
zūn dào ér xíng bàn tú ér fèi wú fú néng yǐ
遵道而行，半涂而废，吾弗能已
yǐ jūn zǐ yī hū zhōng yōng dùn shì bú jiàn zhī
矣。君子依乎中庸，遁世不见知
ér bù huǐ wéi shèng zhě néng zhī
而不悔，唯圣者能之。"

12

jūn zǐ zhī dào fèi ér yǐn fū
君子之道费而隐。夫
fù zhī yú kě yǐ yù zhī yān jí qí
妇之愚，可以与知焉，及其
zhì yě suī shèng rén yì yǒu suǒ bù zhī yān fū fù
至也，虽圣人亦有所不知焉；夫妇
zhī bú xiào kě yǐ néng xíng yān jí qí zhì yě suī
之不肖，可以能行焉，及其至也，虽
shèng rén yì yǒu suǒ bù néng yān tiān dì zhī dà
圣人亦有所不能焉。天地之大
yě rén yóu yǒu suǒ hàn gù jūn zǐ yǔ dà tiān
也，人犹有所憾。故君子语大，天
xià mò néng zài yān yǔ xiǎo tiān xià mò néng pò
下莫能载焉；语小，天下莫能破
yān shī yún yuān fēi lì tiān yú yuè yú yuān
焉。《诗》云："鸢飞戾天，鱼跃于渊。"

yán qí shàng xià chá yě jūn zǐ zhī dào zào duān

言其上下察也。君子之道，造端

hū fū fù jí qí zhì yě chá hū tiān dì

乎夫妇；及其至也，察乎天地。

13

zǐ yuē dào bù yuǎn rén rén zhī

子曰：“道不远人。人之

wéi dào ér yuǎn rén bù kě yǐ wéi dào

为道而远人，不可以为道。

shī yún fá kē fá kē qí zé bù yuǎn zhí

《诗》云：‘伐柯伐柯，其则不远。’执

kē yǐ fá kē nì ér shì zhī yóu yǐ wéi yuǎn

柯以伐柯，睨而视之，犹以为远。

gù jūn zǐ yǐ rén zhì rén gǎi ér zhǐ zhōng shù

故君子以人治人，改而止。忠恕

wéi dào bù yuǎn shī zhū jǐ ér bú yuàn yì wù shī

违道不远，施诸己而不愿，亦勿施

yú rén jūn zǐ zhī dào sì qiū wèi néng yī yān

于人。君子之道四，丘未能一焉：

suǒ qiú hū zǐ yǐ shì fù wèi néng yě suǒ qiú hū

所求乎子，以事父未能也；所求乎

chén yǐ shì jūn wèi néng yě suǒ qiú hū dì yǐ shì

臣，以事君未能也；所求乎弟，以事

xiōng wèi néng yě suǒ qiú hū péng yǒu xiān shī zhī wèi

兄未能也；所求乎朋友，先施之未

néng yě yōng dé zhī xíng yōng yán zhī jǐn yǒu suǒ

能也。庸德之行，庸言之谨，有所

bù zú bù gǎn bù miǎn yǒu yú bù gǎn jìn yán gù

不足，不敢不勉；有余不敢尽；言顾

xíng xíng gù yán jūn zǐ hú bú zào zào ěr
行，行顾言，君子胡不慥慥尔。”

14

jūn zǐ sù qí wèi ér xíng bú yuàn
君子素其位而行，不愿
hū qí wài sù fù guì xíng hū fù
乎其外。素富贵，行乎富
guì sù pín jiàn xíng hū pín jiàn sù yí dí xíng hū
贵；素贫贱，行乎贫贱；素夷狄，行乎
yí dí sù huàn nàn xíng hū huàn nàn jūn zǐ wú rù
夷狄；素患难，行乎患难；君子无入
ér bú zì dé yān zài shàng wèi bù líng xià zài
而不自得焉。在上位不陵下，在
xià wèi bù yuán shàng zhèng jǐ ér bù qiú yú rén
下位不援上，正己而不求于人，
zé wú yuàn shàng bú yuàn tiān xià bù yóu rén gù
则无怨。上不怨天，下不尤人。故
jūn zǐ jū yì yǐ sì mìng xiǎo rén xíng xiǎn yǐ jiǎo
君子居易以俟命，小人行险以徼
xìng zǐ yuē shè yǒu sì hū jūn zǐ shī zhū zhēng
幸。子曰：“射有似乎君子；失诸正
gǔ fǎn qiú zhū qí shēn
鹄，反求诸其身。”

15

jūn zǐ zhī dào pì rú xíng yuǎn bì
君子之道，辟如行远必
zì ěr pì rú dēng gāo bì zì bēi
自迩，辟如登高必自卑。

shī yuē qī zǐ hào hé rú gǔ sè qín xiōng dì
《诗》曰："妻子好合，如鼓瑟琴；兄弟
jì xī hé lè qiě dān yí ěr shì jiā lè ěr qī
既翕，和乐且耽；宜尔室家，乐尔妻
nú zǐ yuē fù mǔ qí shùn yǐ hū
帑。"子曰："父母其顺矣乎。"

16

zǐ yuē guǐ shén zhī wéi dé qí
子曰："鬼神之为德，其
shèng yǐ hū shì zhī ér fú jiàn tīng
盛矣乎！视之而弗见，听
zhī ér fú wén tǐ wù ér bù kě yí shǐ tiān
之而弗闻，体物而不可遗。使天
xià zhī rén zhāi míng shèng fú yǐ chéng jì sì yáng
下之人齐明盛服，以承祭祀。洋
yáng hū rú zài qí shàng rú zài qí zuǒ yòu
洋乎！如在其上，如在其左右。
shī yuē shén zhī gé sī bù kě duó sī shěn
《诗》曰：'神之格思，不可度思！矧
kě yì sī fú wēi zhī xiǎn chéng zhī bù kě yǎn
可射思！'夫微之显，诚之不可掩
rú cǐ fú
如此夫。"

17

zǐ yuē shùn qí dà xiào yě yú
子曰："舜其大孝也与！
dé wéi shèng rén zūn wéi tiān zǐ fù yǒu
德为圣人，尊为天子，富有

sì hǎi zhī nèi zōng miào xiǎng zhī zǐ sūn bǎo zhī
四海之内。宗庙飨之，子孙保之。
gù dà dé bì dé qí wèi bì dé qí lù bì dé
故大德必得其位，必得其禄，必得
qí míng bì dé qí shòu gù tiān zhī shēng wù bì
其名，必得其寿。故天之生物，必
yīn qí cái ér dǔ yān gù zāi zhě péi zhī qīng
因其材而笃焉。故栽者培之，倾
zhě fù zhī shī yuē jiā lè jūn zǐ xiǎn xiǎn
者覆之。《诗》曰：‘嘉乐君子，宪宪
lìng dé yí mín yí rén shòu lù yú tiān bǎo yòu
令德！宜民宜人，受禄于天；保佑
mìng zhī zì tiān shēn zhī gù dà dé zhě bì shòu
命之，自天申之！’故大德者必受
mìng
命。”

18

zǐ yuē wú yōu zhě qí wéi wén
子曰：“无忧者其惟文
wáng hū yǐ wáng jì wéi fù yǐ wǔ
王乎！以王季为父，以武
wáng wéi zǐ fù zuò zhī zǐ shù zhī wǔ wáng zuǎn
王为子，父作之，子述之。武王缵
tài wáng wáng jì wén wáng zhī xù yī róng yī ér
大王、王季、文王之绪。壹戎衣而
yǒu tiān xià shēn bù shī tiān xià zhī xiǎn míng zūn
有天下，身不失天下之显名。尊

wéi tiān zǐ fù yǒu sì hǎi zhī nèi zōng miào xiǎng
为天子，富有四海之内。宗庙飨

zhī zǐ sūn bǎo zhī wǔ wáng mò shòu mìng zhōu gōng
之，子孙保之。武王末受命，周公

chéng wén wǔ zhī dé zhuī wàng tài wáng wáng jì shàng
成文、武之德，追王大王、王季，上

sì xiān gōng yǐ tiān zǐ zhī lǐ sī lǐ yě dá hū
祀先公以天子之礼。斯礼也，达乎

zhū hóu dà fū jí shì shù rén fù wéi dà fū
诸侯大夫，及士庶人。父为大夫，

zǐ wéi shì zàng yǐ dà fū jì yǐ shì fù wéi
子为士，葬以大夫，祭以士。父为

shì zǐ wéi dà fū zàng yǐ shì jì yǐ dà fū
士，子为大夫，葬以士，祭以大夫。

jī zhī sāng dá hū dà fū sān nián zhī sāng dá hū
期之丧达乎大夫，三年之丧达乎

tiān zǐ fù mǔ zhī sāng wú guì jiàn yī yě
天子；父母之丧无贵贱一也。”

19

zǐ yuē wǔ wáng zhōu gōng qí dá
子曰：“武王、周公，其达

xiào yǐ hū fú xiào zhě shàn jì rén zhī
孝矣乎！夫孝者：善继人之

zhì shàn shù rén zhī shì zhě yě chūn qiū xiū qí
志，善述人之事者也。春秋修其

zǔ miào chén qí zōng qì shè qí cháng yī jiàn qí
祖庙，陈其宗器，设其裳衣，荐其

shí shí zōng miào zhī lǐ suǒ yǐ xù zhāo mù yě
时食。宗庙之礼，所以序昭穆也；
xù jué suǒ yǐ biàn guì jiàn yě xù shì suǒ yǐ biàn
序爵，所以辨贵贱也；序事，所以辨
xián yě lǚ chóu xià wéi shàng suǒ yǐ dài jiàn yě
贤也；旅酬下为上，所以逮贱也；
yàn máo suǒ yǐ xù chǐ yě jiàn qí wèi xíng qí
燕毛，所以序齿也。践其位，行其
lǐ zòu qí yuè jìng qí suǒ zūn ài qí suǒ qīn
礼，奏其乐，敬其所尊，爱其所亲，
shì sǐ rú shì shēng shì wáng rú shì cún xiào zhī
事死如事生，事亡如事存，孝之
zhì yě jiāo shè zhī lǐ suǒ yǐ shì shàng dì yě
至也。郊社之礼，所以事上帝也，
zōng miào zhī lǐ suǒ yǐ sì hū qí xiān yě míng
宗庙之礼，所以祀乎其先也。明
hū jiāo shè zhī lǐ dì cháng zhī yì zhì guó qí rú
乎郊社之礼、禘尝之义，治国其如
shì zhū zhǎng hū
示诸掌乎！”

20

āi gōng wèn zhèng zǐ yuē wén
哀公问政。子曰：“文、
wǔ zhī zhèng bù zài fāng cè qí rén
武之政，布在方策。其人
cún zé qí zhèng jǔ qí rén wáng zé qí zhèng xī
存，则其政举；其人亡，则其政息。

rén dào mǐn zhèng dì dào mǐn shù fú zhèng yě zhě
人道敏政，地道敏树。夫政也者，
pú lú yě gù wéi zhèng zài rén qǔ rén yǐ shēn
蒲卢也。故为政在人，取人以身，
xiū shēn yǐ dào xiū dào yǐ rén rén zhě rén yě
修身以道，修道以仁。仁者人也，
qīn qīn wéi dà yì zhě yí yě zūn xián wéi dà
亲亲为大；义者宜也，尊贤为大。
qīn qīn zhī shài zūn xián zhī děng lǐ suǒ shēng yě
亲亲之杀，尊贤之等，礼所生也。
zài xià wèi bú huò hū shàng mín bù kě dé ér zhì
在下位不获乎上，民不可得而治
yǐ gù jūn zǐ bù kě yǐ bù xiū shēn sī xiū
矣！故君子不可以不修身；思修
shēn bù kě yǐ bú shì qīn sī shì qīn bù kě yǐ
身，不可以不事亲；思事亲，不可以
bù zhī rén sī zhī rén bù kě yǐ bù zhī tiān
不知人；思知人，不可以不知天。”
tiān xià zhī dá dào wǔ suǒ yǐ xíng zhī zhě sān yuē
天下之达道五，所以行之者三：曰
jūn chén yě fù zǐ yě fū fù yě kūn dì yě
君臣也，父子也，夫妇也，昆弟也，
péng yǒu zhī jiāo yě wǔ zhě tiān xià zhī dá dào yě
朋友之交也：五者天下之达道也。
zhì rén yǒng sān zhě tiān xià zhī dá dé yě suǒ
知、仁、勇三者，天下之达德也，所
yǐ xíng zhī zhě yī yě huò shēng ér zhī zhī huò
以行之者一也。或生而知之，或

xué ér zhī zhī huò kùn ér zhī zhī jí qí zhī zhī
学而知之，或困而知之，及其知之

yī yě huò ān ér xíng zhī huò lì ér xíng zhī huò
一也；或安而行之，或利而行之，或

miǎn qiǎng ér xíng zhī jí qí chéng gōng yī yě zǐ
勉强而行之，及其成功一也。子

yuē hào xué jìn hū zhì lì xíng jìn hū rén zhī
曰：“好学近乎知，力行近乎仁，知

chǐ jìn hū yǒng zhī sī sān zhě zé zhī suǒ yǐ
耻近乎勇。知斯三者，则知所以

xiū shēn zhī suǒ yǐ xiū shēn zé zhī suǒ yǐ zhì
修身；知所以修身，则知所以治

rén zhī suǒ yǐ zhì rén zé zhī suǒ yǐ zhì tiān xià
人；知所以治人，则知所以治天下

guó jiā yǐ fán wéi tiān xià guó jiā yǒu jiǔ jīng
国家矣。”凡为天下国家有九经，

yuē xiū shēn yě zūn xián yě qīn qīn yě jìng dà
曰：修身也，尊贤也，亲亲也，敬大

chén yě tǐ qún chén yě zǐ shù mín yě lái bǎi gōng
臣也，体群臣也，子庶民也，来百工

yě róu yuǎn rén yě huái zhū hóu yě xiū shēn zé
也，柔远人也，怀诸侯也。修身则

dào lì zūn xián zé bú huò qīn qīn zé zhū fù kūn
道立，尊贤则不惑，亲亲则诸父昆

dì bú yuàn jìng dà chén zé bú xuàn tǐ qún chén zé
弟不怨，敬大臣则不眩，体群臣则

shì zhī bào lǐ zhòng zǐ shù mín zé bǎi xìng quàn lái
士之报礼重，子庶民则百姓劝，来

bǎi gōng zé cái yòng zú róu yuǎn rén zé sì fāng guī
百工则财用足，柔远人则四方归
zhī huái zhū hóu zé tiān xià wèi zhī zhāi míng shèng
之，怀诸侯则天下畏之。齐明盛
fú fēi lǐ bú dòng suǒ yǐ xiū shēn yě qù chán yuàn
服，非礼不动，所以修身也；去谗远
sè jiàn huò ér guì dé suǒ yǐ quàn xián yě zūn qí
色，贱货而贵德，所以劝贤也；尊其
wèi zhòng qí lù tóng qí hào wù suǒ yǐ quàn qīn
位，重其禄，同其好恶，所以劝亲
qīn yě guān shèng rèn shǐ suǒ yǐ quàn dà chén yě
亲也；官盛任使，所以劝大臣也；
zhōng xìn zhòng lù suǒ yǐ quàn shì yě shí shǐ bó
忠信重禄，所以劝士也；时使薄
liǎn suǒ yǐ quàn bǎi xìng yě rì xǐng yuè shì xì bǐng
敛，所以劝百姓也；日省月试，既禀
chèn shì suǒ yǐ quàn bǎi gōng yě sòng wǎng yíng lái
称事，所以劝百工也；送往迎来，
jiā shàn ér jīn bù néng suǒ yǐ róu yuǎn rén yě jì
嘉善而矜不能，所以柔远人也；继
jué shì jǔ fèi guó zhì luàn chí wēi cháo pìn yǐ
绝世，举废国，治乱持危，朝聘以
shí hòu wǎng ér bó lái suǒ yǐ huái zhū hóu yě
时，厚往而薄来，所以怀诸侯也。
fán wéi tiān xià guó jiā yǒu jiǔ jīng suǒ yǐ xíng zhī
凡为天下国家有九经，所以行之
zhě yī yě fán shì yù zé lì bú yù zé fèi
者一也。凡事豫则立，不豫则废。

yán qián dìng zé bù jiá shì qián dìng zé bú kùn xíng
言前定则不跲，事前定则不困，行
qián dìng zé bú jiù dào qián dìng zé bù qióng zài
前定则不疚，道前定则不穷。在
xià wèi bú huò hū shàng mín bù kě dé ér zhì
下位不获乎上，民不可得而治
yǐ huò hū shàng yǒu dào bú xìn hū péng yǒu bú
矣。获乎上有道：不信乎朋友，不
huò hū shàng yǐ xìn hū péng yǒu yǒu dào bú shùn
获乎上矣。信乎朋友有道：不顺
hū qīn bú xìn hū péng yǒu yǐ shùn hū qīn yǒu
乎亲，不信乎朋友矣。顺乎亲有
dào fǎn zhū shēn bù chéng bú shùn hū qīn yǐ chéng
道：反诸身不诚，不顺乎亲矣。诚
shēn yǒu dào bù míng hū shàn bù chéng hū shēn yǐ
身有道：不明乎善，不诚乎身矣。
chéng zhě tiān zhī dào yě chéng zhī zhě rén zhī dào
诚者，天之道也；诚之者，人之道
yě chéng zhě bù miǎn ér zhòng bù sī ér dé cōng
也。诚者不勉而中，不思而得，从
róng zhòng dào shèng rén yě chéng zhī zhě zé shàn ér
容中道，圣人也。诚之者，择善而
gù zhí zhī zhě yě bó xué zhī shěn wèn zhī shèn
固执之者也。博学之，审问之，慎
sī zhī míng biàn zhī dǔ xíng zhī yǒu fú xué xué
思之，明辨之，笃行之。有弗学，学
zhī fú néng fú cuò yě yǒu fú wèn wèn zhī fú zhī
之弗能弗措也；有弗问，问之弗知

fú cuò yě yǒu fú sī sī zhī fú dé fú cuò
弗措也；有弗思，思之弗得弗措
yě yǒu fú biàn biàn zhī fú míng fú cuò yě yǒu
也；有弗辨，辨之弗明弗措也；有
fú xíng xíng zhī fú dǔ fú cuò yě rén yī néng
弗行，行之弗笃弗措也。人一能
zhī jǐ bǎi zhī rén shí néng zhī jǐ qiān zhī guǒ
之己百之；人十能之己千之。果
néng cǐ dào yǐ suī yú bì míng suī róu bì qiáng
能此道矣，虽愚必明，虽柔必强。

21

zì chéng míng wèi zhī xìng zì míng
自诚明，谓之性；自明
chéng wèi zhī jiào chéng zé míng yǐ míng
诚，谓之教。诚则明矣，明
zé chéng yǐ
则诚矣。

22

wéi tiān xià zhì chéng wéi néng jìn
唯天下至诚，为能尽
qí xìng néng jìn qí xìng zé néng jìn rén
其性；能尽其性，则能尽人
zhī xìng néng jìn rén zhī xìng zé néng jìn wù zhī
之性；能尽人之性，则能尽物之
xìng néng jìn wù zhī xìng zé kě yǐ zàn tiān dì zhī
性，能尽物之性，则可以赞天地之
huà yù kě yǐ zàn tiān dì zhī huà yù zé kě yǐ
化育；可以赞天地之化育，则可以

yǔ tiān dì sān yǐ
与天地参矣。

23

qí cì zhì qǔ qǔ néng yǒu chéng
其次致曲，曲能有诚，
chéng zé xíng xíng zé zhù zhù zé míng
诚则形，形则著，著则明，
míng zé dòng dòng zé biàn biàn zé huà wéi tiān xià
明则动，动则变，变则化，唯天下
zhì chéng wéi néng huà
至诚为能化。

24

zhì chéng zhī dào kě yǐ qián zhī
至诚之道，可以前知。
guó jiā jiāng xīng bì yǒu zhēn xiáng guó jiā
国家将兴，必有祯祥；国家
jiāng wáng bì yǒu yāo niè xiàn hū shī guī dòng hū
将亡，必有妖孽；见乎蓍龟，动乎
sì tǐ huò fú jiāng zhì shàn bì xiān zhī zhī bú
四体。祸福将至：善，必先知之；不
shàn bì xiān zhī zhī gù zhì chéng rú shén
善，必先知之。故至诚如神。

25

chéng zhě zì chéng yě ér dào zì
诚者自成也，而道自
dào yě chéng zhě wù zhī zhōng shǐ bù
道也。诚者物之终始，不

chéng wú wù shì gù jūn zǐ chéng zhī wéi guì
诚无物。是故君子诚之为贵。
chéng zhě fēi zì chéng jǐ ér yǐ yě suǒ yǐ chéng
诚者非自成己而已也，所以成
wù yě chéng jǐ rén yě chéng wù zhì yě xìng
物也。成己，仁也；成物，知也。性
zhī dé yě hé wài nèi zhī dào yě gù shí cuò zhī
之德也，合外内之道也，故时措之
yí yě
宜也。

26

gù zhì chéng wú xī bù xī zé
故至诚无息。不息则
jiǔ jiǔ zé zhēng zhēng zé yōu yuǎn yōu
久，久则征，征则悠远，悠
yuǎn zé bó hòu bó hòu zé gāo míng bó hòu suǒ
远则博厚，博厚则高明。博厚，所
yǐ zài wù yě gāo míng suǒ yǐ fù wù yě yōu
以载物也；高明，所以覆物也；悠
jiǔ suǒ yǐ chéng wù yě bó hòu pèi dì gāo míng
久，所以成物也。博厚配地，高明
pèi tiān yōu jiǔ wú jiāng rú cǐ zhě bú xiàn ér
配天，悠久无疆。如此者，不见而
zhāng bú dòng ér biàn wú wéi ér chéng tiān dì zhī
章，不动而变，无为而成。天地之
dào kě yì yán ér jìn yě qí wéi wù bú èr zé
道，可一言而尽也：其为物不贰，则
qí shēng wù bú cè tiān dì zhī dào bó yě hòu
其生物不测。天地之道：博也，厚

yě gāo yě míng yě yōu yě jiǔ yě jīn fú tiān
也，高也，明也，悠也，久也。今夫天，

sī zhāo zhāo zhī duō jí qí wú qióng yě rì yuè xīng
斯昭昭之多，及其无穷也，日月星

chén xì yān wàn wù fù yān jīn fú dì yì cuō
辰系焉，万物覆焉。今夫地，一撮

tǔ zhī duō jí qí guǎng hòu zài huà yuè ér bú
土之多，及其广厚，载华岳而不

zhòng zhèn hé hǎi ér bú xiè wàn wù zài yān jīn
重，振河海而不泄，万物载焉。今

fú shān yì quán shí zhī duō jí qí guǎng dà cǎo
夫山，一卷石之多，及其广大，草

mù shēng zhī qín shòu jū zhī bǎo zàng xīng yān jīn
木生之，禽兽居之，宝藏兴焉。今

fú shuǐ yì sháo zhī duō jí qí bú cè yuán tuó
夫水，一勺之多，及其不测，鼋鼍、

jiāo lóng yú biē shēng yān huò cái zhí yān shī
蛟龙、鱼鳖生焉，货财殖焉。《诗》

yún wéi tiān zhī mìng wū mù bù yǐ gài yuē tiān
云："维天之命，於穆不已。"盖曰天

zhī suǒ yǐ wéi tiān yě wū hū pī xiǎn wén wáng
之所以为天也。"於乎不显！文王

zhī dé zhī chún gài yuē wén wáng zhī suǒ yǐ wéi
之德之纯！"盖曰文王之所以为

wén yě chún yì bù yǐ
文也，纯亦不已。

27

dà zāi shèng rén zhī dào yáng yáng
大哉圣人之道！洋洋
hū fā yù wàn wù jùn jí yú tiān
乎！发育万物，峻极于天。
yōu yōu dà zāi lǐ yí sān bǎi wēi yí sān qiān
优优大哉！礼仪三百，威仪三千。
dài qí rén ér hòu xíng gù yuē gǒu bú zhì dé
待其人而后行。故曰苟不至德，
zhì dào bù níng yān gù jūn zǐ zūn dé xìng ér dào
至道不凝焉。故君子尊德性而道
wèn xué zhì guǎng dà ér jìn jīng wēi jí gāo míng ér
问学，致广大而尽精微，极高明而
dào zhōng yōng wēn gù ér zhī xīn dūn hòu yǐ chóng
道中庸。温故而知新，敦厚以崇
lǐ shì gù jū shàng bù jiāo wéi xià bú bèi guó
礼。是故居上不骄，为下不倍。国
yǒu dào qí yán zú yǐ xīng guó wú dào qí mò zú
有道其言足以兴，国无道其默足
yǐ róng shī yuē jì míng qiě zhé yǐ bǎo qí
以容。《诗》曰“既明且哲，以保其
shēn qí cǐ zhī wèi yú
身”，其此之谓与！

28

zǐ yuē yú ér hào zì yòng jiàn
子曰：“愚而好自用，贱
ér hào zì zhuān shēng hū jīn zhī shì fǎn
而好自专，生乎今之世，反

gǔ zhī dào rú cǐ zhě zāi jí qí shēn zhě yě
古之道。如此者，灾及其身者也。”

fēi tiān zǐ bú yì lǐ bú zhì dù bù kǎo wén
非天子，不议礼，不制度，不考文。

jīn tiān xià jū tóng guǐ shū tóng wén xìng tóng lún
今天下车同轨，书同文，行同伦。

suī yǒu qí wèi gǒu wú qí dé bù gǎn zuò lǐ yuè
虽有其位，苟无其德，不敢作礼乐

yān suī yǒu qí dé gǒu wú qí wèi yì bù gǎn zuò
焉；虽有其德，苟无其位，亦不敢作

lǐ yuè yān zǐ yuē wú shuō xià lǐ qǐ bù zú
礼乐焉。子曰：“吾说夏礼，杞不足

zhēng yě wú xué yīn lǐ yǒu sòng cún yān wú xué
征也；吾学殷礼，有宋存焉；吾学

zhōu lǐ jīn yòng zhī wú cóng zhōu
周礼，今用之，吾从周。”

29

wàng tiān xià yǒu sān zhòng yān qí
王天下有三重焉，其

guǎ guò yǐ hū shàng yān zhě suī shàn
寡过矣乎！上焉者虽善

wú zhēng wú zhēng bú xìn bú xìn mín fú cóng xià
无征，无征不信，不信民弗从；下

yān zhě suī shàn bù zūn bù zūn bú xìn bú xìn mín
焉者虽善不尊，不尊不信，不信民

fú cóng gù jūn zǐ zhī dào běn zhū shēn zhēng zhū
弗从。故君子之道：本诸身，征诸

shù mín kǎo zhū sān wáng ér bú miù jiàn zhū tiān dì
庶民，考诸三王而不缪，建诸天地
ér bú bèi zhì zhū guǐ shén ér wú yí bǎi shì yǐ
而不悖，质诸鬼神而无疑，百世以
sì shèng rén ér bú huò zhì zhū guǐ shén ér wú
俟圣人而不惑。质诸鬼神而无
yí zhī tiān yě bǎi shì yǐ sì shèng rén ér bù
疑，知天也；百世以俟圣人而不
huò zhī rén yě shì gù jūn zǐ dòng ér shì wéi
惑，知人也。是故君子动而世为
tiān xià dào xíng ér shì wéi tiān xià fǎ yán ér shì
天下道，行而世为天下法，言而世
wéi tiān xià zé yuǎn zhī zé yǒu wàng jìn zhī zé
为天下则。远之则有望，近之则
bú yàn shī yuē zài bǐ wú wù zài cǐ wú
不厌。《诗》曰："在彼无恶，在此无
yì shù jī sù yè yǐ yǒng zhōng yù jūn zǐ wèi
射；庶几夙夜，以永终誉！"君子未
yǒu bù rú cǐ ér zǎo yǒu yù yú tiān xià zhě yě
有不如此而蚤有誉于天下者也。

30

zhòng ní zǔ shù yáo shùn xiàn zhāng
仲尼祖述尧、舜，宪章
wén wǔ shàng lǜ tiān shí xià xí shuǐ
文、武；上律天时，下袭水
tǔ pì rú tiān dì zhī wú bù chí zài wú bú
土。辟如天地之无不持载，无不

fù dào pì rú sì shí zhī cuò xíng rú rì yuè zhī
覆帱，辟如四时之错行，如日月之
dài míng wàn wù bìng yù ér bù xiāng hài dào bìng
代明。万物并育而不相害，道并
xíng ér bù xiāng bèi xiǎo dé chuān liú dà dé dūn
行而不相悖，小德川流，大德敦
huà cǐ tiān dì zhī suǒ yǐ wéi dà yě
化，此天地之所以为大也。

31

wéi tiān xià zhì shèng wéi néng cōng
唯天下至圣，为能聪
míng ruì zhì zú yǐ yǒu lín yě kuān yù
明睿知，足以有临也；宽裕
wēn róu zú yǐ yǒu róng yě fā qiáng gāng yì zú
温柔，足以有容也；发强刚毅，足
yǐ yǒu zhí yě zhāi zhuāng zhōng zhèng zú yǐ yǒu jìng
以有执也；齐庄中正，足以有敬
yě wén lǐ mì chá zú yǐ yǒu bié yě pǔ bó
也；文理密察，足以有别也。溥博
yuān quán ér shí chū zhī pǔ bó rú tiān yuān quán
渊泉，而时出之。溥博如天，渊泉
rú yuān xiàn ér mín mò bú jìng yán ér mín mò
如渊。见而民莫不敬，言而民莫
bú xìn xíng ér mín mò bú yuè shì yǐ shēng míng
不信，行而民莫不说。是以声名
yáng yì hū zhōng guó yì jí mán mò zhōu jū suǒ
洋溢乎中国，施及蛮貊；舟车所
zhì rén lì suǒ tōng tiān zhī suǒ fù dì zhī suǒ
至，人力所通；天之所覆，地之所

zài rì yuè suǒ zhào shuāng lù suǒ zhuì fán yǒu xuè
载，日月所照，霜露所队；凡有血
qì zhě mò bù zūn qīn gù yuē pèi tiān
气者，莫不尊亲，故曰配天。

32
wéi tiān xià zhì chéng wéi néng jīng
唯天下至诚，为能经
lún tiān xià zhī dà jīng lì tiān xià zhī
纶天下之大经，立天下之
dà běn zhī tiān dì zhī huà yù fú yān yǒu suǒ
大本，知天地之化育。夫焉有所
yǐ zhūn zhūn qí rén yuān yuān qí yuān hào hào
倚？肫肫其仁！渊渊其渊！浩浩
qí tiān gǒu bú gù cōng míng shèng zhì dá tiān dé
其天！苟不固聪明圣知达天德
zhě qí shú néng zhī zhī
者，其孰能知之？

33
shī yuē yì jǐn shàng jiǒng wù
《诗》曰："衣锦尚䌹。"恶
qí wén zhī zhù yě gù jūn zǐ zhī
其文之著也。故君子之
dào ǎn rán ér rì zhāng xiǎo rén zhī dào dì rán
道，暗然而日章；小人之道，的然
ér rì wáng jūn zǐ zhī dào dàn ér bú yàn jiǎn
而日亡。君子之道淡而不厌，简
ér wén wēn ér lǐ zhī yuǎn zhī jìn zhī fēng zhī
而文，温而理，知远之近，知风之

zì zhī wēi zhī xiǎn kě yǔ rù dé yǐ shī
自，知微之显，可与入德矣。《诗》
yún qián suī fú yǐ yì kǒng zhī zhāo gù jūn zǐ
云："潜虽伏矣，亦孔之昭！"故君子
nèi xǐng bú jiù wú wù yú zhì jūn zǐ zhī suǒ
内省不疚，无恶于志。君子之所
bù kě jí zhě qí wéi rén zhī suǒ bú jiàn hū
不可及者，其唯人之所不见乎。
shī yún xiàng zài ěr shì shàng bú kuì yú wū
《诗》云："相在尔室，尚不愧于屋
lòu gù jūn zǐ bú dòng ér jìng bù yán ér xìn
漏。"故君子不动而敬，不言而信。
shī yuē zòu gé wú yán shí mǐ yǒu zhēng shì
《诗》曰："奏假无言，时靡有争。"是
gù jūn zǐ bù shǎng ér mín quàn bú nù ér mín wēi
故君子不赏而民劝，不怒而民威
yú fū yuè shī yuē pī xiǎn wéi dé bǎi bì
于铁钺。《诗》曰："不显惟德！百辟
qí xíng zhī shì gù jūn zǐ dǔ gōng ér tiān xià
其刑之。"是故君子笃恭而天下
píng shī yún yú huái míng dé bú dà shēng yǐ
平。《诗》云："予怀明德，不大声以
sè zǐ yuē shēng sè zhī yú yǐ huà mín mò
色。"子曰："声色之于以化民，末
yě shī yuē dé yóu rú máo máo yóu yǒu lún
也。"《诗》曰"德輶如毛"，毛犹有伦。
shàng tiān zhī zài wú shēng wú xiù zhì yǐ
"上天之载，无声无臭"，至矣！

lún yǔ

论 语

xué ér dì yī

学 而 第 一

1.1

zǐ yuē xué ér shí xí zhī bú yì yuè hū yǒu péng zì yuǎn fāng lái, bú yì lè hū rén bù zhī ér bú yùn bú yì jūn zǐ hū

子曰:“学而时习之,不亦说乎?有朋自远方来,不亦乐乎?人不知而不愠,不亦君子乎?”

1.2

yǒu zǐ yuē qí wéi rén yě xiào tì ér hào fàn shàng zhě xiǎn yǐ bú

有子曰:“其为人也孝弟,而好犯上者,鲜矣;不

hào fàn shàng ér hào zuò luàn zhě wèi zhī yǒu yě
好犯上，而好作乱者，未之有也。
jūn zǐ wù běn běn lì ér dào shēng xiào tì yě
君子务本，本立而道生。孝弟也
zhě qí wéi rén zhī běn yú
者，其为仁之本与！”

1.3

zǐ yuē qiǎo yán lìng sè xiǎn yǐ
子曰：“巧言令色，鲜矣
rén
仁。”

1.4

zēng zǐ yuē wú rì sān xǐng wú
曾子曰：“吾日三省吾
shēn wèi rén móu ér bù zhōng hū yǔ
身：为人谋而不忠乎？与
péng yǒu jiāo ér bú xìn hū chuán bù xí hū
朋友交而不信乎？传不习乎？”

1.5

zǐ yuē dào qiān shèng zhī guó jìng
子曰：“道千乘之国：敬
shì ér xìn jié yòng ér ài rén shǐ mín
事而信，节用而爱人，使民
yǐ shí
以时。”

1.6

zǐ yuē dì zǐ rù zé xiào chū
子曰："弟子入则孝，出
zé tì jǐn ér xìn fàn ài zhòng ér qīn
则弟，谨而信，泛爱众而亲
rén xíng yǒu yú lì zé yǐ xué wén
仁。行有余力，则以学文。"

1.7

zǐ xià yuē xián xián yì sè shì
子夏曰："贤贤易色，事
fù mǔ néng jié qí lì shì jūn néng zhì
父母能竭其力，事君能致
qí shēn yǔ péng yǒu jiāo yán ér yǒu xìn suī yuē
其身，与朋友交言而有信。虽曰
wèi xué wú bì wèi zhī xué yǐ
未学，吾必谓之学矣。"

1.8

zǐ yuē jūn zǐ bú zhòng zé bù
子曰："君子不重则不
wēi xué zé bú gù zhǔ zhōng xìn wú
威，学则不固。主忠信。无
yǒu bù rú jǐ zhě guò zé wù dàn gǎi
友不如己者。过则勿惮改。"

1.9

zēng zǐ yuē shèn zhōng zhuī yuǎn mín
曾子曰："慎终追远，民
dé guī hòu yǐ
德归厚矣。"

1.10

zǐ qín wèn yú zǐ gòng yuē fū
子禽问于子贡曰：“夫
zǐ zhì yú shì bāng yě bì wén qí
子至于是邦也，必闻其
zhèng qiú zhī yú yì yǔ zhī yú zǐ gòng yuē
政，求之与？抑与之与？”子贡曰：
fū zǐ wēn liáng gōng jiǎn ràng yǐ dé zhī fū
“夫子温、良、恭、俭、让以得之。夫
zǐ zhī qiú zhī yě qí zhū yì hū rén zhī qiú zhī
子之求之也，其诸异乎人之求之
yú
与？”

1.11

zǐ yuē fù zài guān qí zhì fù
子曰：“父在，观其志；父
mò guān qí xíng sān nián wú gǎi yú fù
没，观其行；三年无改于父
zhī dào kě wèi xiào yǐ
之道，可谓孝矣。”

1.12

yǒu zǐ yuē lǐ zhī yòng hé wéi
有子曰：“礼之用，和为
guì xiān wáng zhī dào sī wéi měi xiǎo
贵。先王之道斯为美，小
dà yóu zhī yǒu suǒ bù xíng zhī hé ér hé bù
大由之。有所不行，知和而和，不

yǐ lǐ jié zhī yì bù kě xíng yě
以礼节之，亦不可行也。”

1.13

yǒu zǐ yuē xìn jìn yú yì yán
有子曰：“信近于义，言
kě fù yě gōng jìn yú lǐ yuàn chǐ rǔ
可复也；恭近于礼，远耻辱
yě yīn bù shī qí qīn yì kě zōng yě
也；因不失其亲，亦可宗也。”

1.14

zǐ yuē jūn zǐ shí wú qiú bǎo
子曰：“君子食无求饱，
jū wú qiú ān mǐn yú shì ér shèn yú
居无求安，敏于事而慎于
yán jiù yǒu dào ér zhèng yān kě wèi hào xué yě
言，就有道而正焉，可谓好学也
yǐ
已。”

1.15

zǐ gòng yuē pín ér wú chǎn fù
子贡曰：“贫而无谄，富
ér wú jiāo hé rú zǐ yuē kě yě
而无骄，何如？”子曰：“可也。
wèi ruò pín ér lè fù ér hào lǐ zhě yě zǐ
未若贫而乐，富而好礼者也。”子
gòng yuē shī yún rú qiē rú cuō rú zhuó rú
贡曰：“《诗》云：‘如切如磋，如琢如

mó qí sī zhī wèi yú zǐ yuē cì yě shǐ
磨。’其斯之谓与？”子曰：“赐也，始

kě yǔ yán shī yǐ yǐ gào zhū wǎng ér zhī lái
可与言《诗》已矣！告诸往而知来

zhě
者。”

1.16

zǐ yuē bú huàn rén zhī bù jǐ
子曰：“不患人之不己

zhī huàn bù zhī rén yě
知，患不知人也。”

wéi zhèng dì èr

为政第二

zǐ yuē wéi zhèng yǐ dé pì rú

子曰："为政以德，譬如

běi chén jū qí suǒ ér zhòng xīng gǒng

北辰，居其所而众星共

zhī

之。"

zǐ yuē shī sān bǎi yì yán yǐ

子曰："《诗》三百，一言以

bì zhī yuē sī wú xié

蔽之，曰：'思无邪'。"

2.3

zǐ yuē dào zhī yǐ zhèng qí zhī

子曰："道之以政，齐之

yǐ xíng mín miǎn ér wú chǐ dào zhī yǐ

以刑，民免而无耻；道之以

dé qí zhī yǐ lǐ yǒu chǐ qiě gé

德，齐之以礼，有耻且格。"

zǐ yuē wú shí yòu wǔ ér zhì

子曰："吾十有五而志

yú xué sān shí ér lì sì shí ér bú huò wǔ shí
于学，三十而立，四十而不惑，五十
ér zhī tiān mìng liù shí ér ěr shùn qī shí ér cóng
而知天命，六十而耳顺，七十而从
xīn suǒ yù bù yú jǔ
心所欲，不逾矩。”

2.5

mèng yì zǐ wèn xiào zǐ yuē wú
孟懿子问孝。子曰：“无
wéi fán chí yù zǐ gào zhī yuē mèng
违。”樊迟御，子告之曰：“孟
sūn wèn xiào yú wǒ wǒ duì yuē wú wéi fán chí
孙问孝于我，我对曰‘无违’。”樊迟
yuē hé wèi yě zǐ yuē shēng shì zhī yǐ lǐ
曰：“何谓也？”子曰：“生，事之以礼；
sǐ zàng zhī yǐ lǐ jì zhī yǐ lǐ
死，葬之以礼，祭之以礼。”

2.6

mèng wǔ bó wèn xiào zǐ yuē fù
孟武伯问孝。子曰：“父
mǔ wéi qí jí zhī yōu
母唯其疾之忧。”

2.7

zǐ yóu wèn xiào zǐ yuē jīn zhī
子游问孝。子曰：“今之
xiào zhě shì wèi néng yàng zhì yú quǎn
孝者，是谓能养。至于犬

mǎ jiē néng yǒu yàng bú jìng hé yǐ bié hū
马，皆能有养。不敬，何以别乎？”

2.8

zǐ xià wèn xiào zǐ yuē sè
子夏问孝。子曰：“色
nán yǒu shì dì zǐ fú qí láo yǒu jiǔ
难。有事弟子服其劳，有酒
sì xiān shēng zhuàn zēng shì yǐ wéi xiào hū
食先生馔，曾是以为孝乎？”

2.9

zǐ yuē wú yǔ huí yán zhōng rì
子曰：“吾与回言终日，
bù wéi rú yú tuì ér xǐng qí sī
不违，如愚。退而省其私，
yì zú yǐ fā huí yě bù yú
亦足以发。回也不愚。”

2.10

zǐ yuē shì qí suǒ yǐ guān qí
子曰：“视其所以，观其
suǒ yóu chá qí suǒ ān rén yān sōu
所由，察其所安。人焉廋
zāi rén yān sōu zāi
哉！人焉廋哉！”

2.11

zǐ yuē wēn gù ér zhī xīn kě
子曰：“温故而知新，可

yǐ wéi shī yǐ
以为师矣。”

2.12

zǐ yuē jūn zǐ bú qì
子曰：“君子不器。”

2.13

zǐ gòng wèn jūn zǐ zǐ yuē xiān
子贡问君子。子曰：“先

xíng qí yán ér hòu cóng zhī
行其言而后从之。”

2.14

zǐ yuē jūn zǐ zhōu ér bú bì
子曰：“君子周而不比，

xiǎo rén bì ér bù zhōu
小人比而不周。”

2.15

zǐ yuē xué ér bù sī zé wǎng
子曰：“学而不思则罔，

sī ér bù xué zé dài
思而不学则殆。”

2.16

zǐ yuē gōng hū yì duān sī hài
子曰：“攻乎异端，斯害

yě yǐ
也已！”

2.17

zǐ yuē yóu huì rǔ zhī zhī
子曰："由！诲女知之

hū zhī zhī wéi zhī zhī bù zhī wéi bù
乎？知之为知之，不知为不

zhī shì zhī yě
知，是知也。"

2.18

zǐ zhāng xué gān lù zǐ yuē duō
子张学干禄。子曰："多

wén quē yí shèn yán qí yú zé guǎ yóu
闻阙疑，慎言其余，则寡尤；

duō jiàn quē dài shèn xíng qí yú zé guǎ huǐ yán
多见阙殆，慎行其余，则寡悔。言

guǎ yóu xíng guǎ huǐ lù zài qí zhōng yǐ
寡尤，行寡悔，禄在其中矣。"

2.19

āi gōng wèn yuē hé wéi zé mín
哀公问曰："何为则民

fú kǒng zǐ duì yuē jǔ zhí cuò zhū
服？"孔子对曰："举直错诸

wǎng zé mín fú jǔ wǎng cuò zhū zhí zé mín bù
枉，则民服；举枉错诸直，则民不

fú
服。"

2.20

jì kāng zǐ wèn shǐ mín jìng zhōng

季康子问："使民敬、忠

yǐ quàn rú zhī hé zǐ yuē lín zhī

以劝，如之何？"子曰："临之

yǐ zhuāng zé jìng xiào cí zé zhōng jǔ shàn ér jiào

以庄，则敬；孝慈，则忠；举善而教

bù néng zé quàn

不能，则劝。"

2.21

huò wèi kǒng zǐ yuē zǐ xī bù

或谓孔子曰："子奚不

wéi zhèng zǐ yuē shū yún xiào hū

为政？"子曰："《书》云：'孝乎

wéi xiào yǒu yú xiōng dì shī yú yǒu zhèng shì yì

惟孝，友于兄弟，施于有政。'是亦

wéi zhèng xī qí wéi wéi zhèng

为政，奚其为为政？"

2.22

zǐ yuē rén ér wú xìn bù zhī

子曰："人而无信，不知

qí kě yě dà jū wú ní xiǎo jū wú

其可也。大车无輗，小车无

yuè qí hé yǐ xíng zhī zāi

軏，其何以行之哉？"

2.23

zǐ zhāng wèn shí shì kě zhī
子张问："十世可知
yě zǐ yuē yīn yīn yú xià lǐ suǒ
也？"子曰："殷因于夏礼，所
sǔn yì kě zhī yě zhōu yīn yú yīn lǐ suǒ sǔn
损益，可知也；周因于殷礼，所损
yì kě zhī yě qí huò jì zhōu zhě suī bǎi shì kě
益，可知也；其或继周者，虽百世可
zhī yě
知也。"

2.24

zǐ yuē fēi qí guǐ ér jì zhī
子曰："非其鬼而祭之，
chǎn yě jiàn yì bù wéi wú yǒng yě
谄也。见义不为，无勇也。"

bā yì dì sān

八佾第三

kǒng zǐ wèi jì shì bā yì wǔ
孔子谓季氏："八佾舞
yú tíng shì kě rěn yě shú bù kě rěn
于庭，是可忍也，孰不可忍
yě
也？"

sān jiā zhě yǐ yōng chè zǐ yuē
三家者以《雍》彻。子曰：
xiàng wéi bì gōng tiān zǐ mù mù xī
"'相维辟公，天子穆穆'，奚
qǔ yú sān jiā zhī táng
取于三家之堂？"

zǐ yuē rén ér bù rén rú lǐ
子曰："人而不仁，如礼
hé rén ér bù rén rú yuè hé
何？人而不仁，如乐何？"

lín fàng wèn lǐ zhī běn zǐ yuē
林放问礼之本。子曰：

dà zāi wèn lǐ yǔ qí shē yě nìng jiǎn sāng
“大哉问！礼，与其奢也，宁俭。丧，
yǔ qí yì yě nìng qī
与其易也，宁戚。”

3.5

zǐ yuē yí dí zhī yǒu jūn bù
子曰：“夷狄之有君，不
rú zhū xià zhī wú yě
如诸夏之亡也。”

3.6

jì shì lǚ yú tài shān zǐ wèi
季氏旅于泰山。子谓
rǎn yǒu yuē rǔ fú néng jiù yú duì
冉有曰：“女弗能救与？”对
yuē bù néng zǐ yuē wū hū zēng wèi tài shān
曰：“不能。”子曰：“呜呼！曾谓泰山
bù rú lín fàng hū
不如林放乎？”

3.7

zǐ yuē jūn zǐ wú suǒ zhēng bì
子曰：“君子无所争，必
yě shè hū yī ràng ér shēng xià ér
也射乎！揖让而升，下而
yìn qí zhēng yě jūn zǐ
饮，其争也君子。”

3.8

zǐ xià wèn yuē qiǎo xiào qiàn xī
子夏问曰："'巧笑倩兮，
měi mù pàn xī sù yǐ wéi xuàn xī hé
美目盼兮，素以为绚兮。'何
wèi yě zǐ yuē huì shì hòu sù yuē lǐ hòu
谓也？"子曰："绘事后素。"曰："礼后
hū zǐ yuē qǐ yú zhě shāng yě shǐ kě yǔ
乎？"子曰："起予者商也！始可与
yán shī yǐ yǐ
言《诗》已矣。"

3.9

zǐ yuē xià lǐ wú néng yán zhī
子曰："夏礼吾能言之，
qǐ bù zú zhēng yě yīn lǐ wú néng yán
杞不足征也；殷礼吾能言
zhī sòng bù zú zhēng yě wén xiàn bù zú gù yě
之，宋不足征也。文献不足故也，
zú zé wú néng zhēng zhī yǐ
足则吾能征之矣。"

3.10

zǐ yuē dì zì jì guàn ér wǎng
子曰："禘自既灌而往
zhě wú bú yù guān zhī yǐ
者，吾不欲观之矣。"

3.11

huò wèn dì zhī shuō zǐ yuē bù
或问禘之说。子曰："不
zhī yě zhī qí shuō zhě zhī yú tiān xià
知也。知其说者之于天下
yě qí rú shì zhū sī hū zhǐ qí zhǎng
也，其如示诸斯乎！"指其掌。

3.12

jì rú zài jì shén rú shén zài
祭如在，祭神如神在。
zǐ yuē wú bú yù jì rú bú jì
子曰："吾不与祭，如不祭。"

3.13

wáng sūn jiǎ wèn yuē yǔ qí mèi
王孙贾问曰："'与其媚
yú ào nìng mèi yú zào hé wèi yě
于奥，宁媚于灶'，何谓也？"
zǐ yuē bù rán huò zuì yú tiān wú suǒ dǎo
子曰："不然，获罪于天，无所祷
yě
也。"

3.14

zǐ yuē zhōu jiàn yú èr dài yù
子曰："周监于二代，郁
yù hū wén zāi wú cóng zhōu
郁乎文哉！吾从周。"

3.15

zǐ rù tài miào měi shì wèn huò
子入太庙，每事问。或
yuē shú wèi zōu rén zhī zǐ zhī lǐ
曰："孰谓鄹人之子知礼
hū rù tài miào měi shì wèn zǐ wén zhī yuē
乎？入太庙，每事问。"子闻之曰：
shì lǐ yě
"是礼也。"

3.16

zǐ yuē shè bù zhǔ pí wèi lì
子曰："射不主皮，为力
bù tóng kē gǔ zhī dào yě
不同科，古之道也。"

3.17

zǐ gòng yù qù gù shuò zhī xì
子贡欲去告朔之饩
yáng zǐ yuē cì yě ěr ài qí yáng
羊。子曰："赐也，尔爱其羊，
wǒ ài qí lǐ
我爱其礼。"

3.18

zǐ yuē shì jūn jìn lǐ rén yǐ
子曰："事君尽礼，人以
wéi chǎn yě
为谄也。"

dìng gōng wèn jūn shǐ chén chén shì
3.19 定公问："君使臣，臣事
jūn rú zhī hé kǒng zǐ duì yuē jūn
君，如之何？"孔子对曰："君
shǐ chén yǐ lǐ chén shì jūn yǐ zhōng
使臣以礼，臣事君以忠。"

zǐ yuē guān jū lè ér bù
3.20 子曰："《关雎》，乐而不
yín āi ér bù shāng
淫，哀而不伤。"

āi gōng wèn shè yú zǎi wǒ zǎi
3.21 哀公问社于宰我。宰
wǒ duì yuē xià hòu shì yǐ sōng yīn rén
我对曰："夏后氏以松，殷人
yǐ bǎi zhōu rén yǐ lì yuē shǐ mín zhàn lì zǐ
以柏，周人以栗，曰使民战栗。"子
wén zhī yuē chéng shì bù shuō suì shì bú jiàn jì
闻之曰："成事不说，遂事不谏，既
wǎng bú jiù
往不咎。"

zǐ yuē guǎn zhòng zhī qì xiǎo
3.22 子曰："管仲之器小
zāi huò yuē guǎn zhòng jiǎn hū yuē
哉！"或曰："管仲俭乎？"曰：

guǎn shì yǒu sān guī guān shì bú shè yān dé jiǎn
“管氏有三归，官事不摄，焉得俭？”

rán zé guǎn zhòng zhī lǐ hū yuē bāng jūn shù
“然则管仲知礼乎？”曰：“邦君树

sè mén guǎn shì yì shù sè mén bāng jūn wéi liǎng
塞门，管氏亦树塞门；邦君为两

jūn zhī hào yǒu fǎn diàn guǎn shì yì yǒu fǎn diàn
君之好，有反坫，管氏亦有反坫。

guǎn shì ér zhī lǐ shú bù zhī lǐ
管氏而知礼，孰不知礼？”

3.23

zǐ yù lǔ tài shī yuè yuē yuè
子语鲁大师乐。曰：“乐

qí kě zhī yě shǐ zuò xī rú yě
其可知也。始作，翕如也；

zòng zhī chún rú yě jiǎo rú yě yì rú yě yǐ
从之，纯如也，皦如也，绎如也，以

chéng
成。”

3.24

yí fēng rén qǐng xiàn yuē jūn zǐ
仪封人请见。曰：“君子

zhī zhì yú sī yě wú wèi cháng bù dé
之至于斯也，吾未尝不得

jiàn yě zòng zhě xiàn zhī chū yuē èr sān zǐ
见也。”从者见之。出曰：“二三子，

hé huàn yú sàng hū tiān xià zhī wú dào yě jiǔ
何患于丧乎？天下之无道也久

yǐ tiān jiāng yǐ fū zǐ wéi mù duó
矣，天将以夫子为木铎。”

3.25

zǐ wèi sháo jìn měi yǐ yòu jìn
子谓《韶》：“尽美矣，又尽
shàn yě wèi wǔ jìn měi yǐ wèi
善也。”谓《武》：“尽美矣，未
jìn shàn yě
尽善也。”

3.26

zǐ yuē jū shàng bù kuān wéi lǐ
子曰：“居上不宽，为礼
bú jìng lín sāng bù āi wú hé yǐ guān
不敬，临丧不哀，吾何以观
zhī zāi
之哉？”

lǐ rén dì sì
里仁第四

4.1

zǐ yuē lǐ rén wéi měi zé bù
子曰："里仁为美。择不
chǔ rén yān dé zhì
处仁，焉得知？"

4.2

zǐ yuē bù rén zhě bù kě yǐ
子曰："不仁者不可以
jiǔ chǔ yuē bù kě yǐ cháng chǔ lè
久处约，不可以长处乐。
rén zhě ān rén zhì zhě lì rén
仁者安仁，知者利仁。"

4.3

zǐ yuē wéi rén zhě néng hào rén
子曰："唯仁者能好人，
néng wù rén
能恶人。"

4.4

zǐ yuē gǒu zhì yú rén yǐ wú
子曰："苟志于仁矣，无
è yě
恶也。"

4.5

zǐ yuē fù yǔ guì shì rén zhī
子曰:“富与贵是人之
suǒ yù yě bù yǐ qí dào dé zhī bù
所欲也,不以其道得之,不
chǔ yě pín yǔ jiàn shì rén zhī suǒ wù yě bù yǐ
处也;贫与贱是人之所恶也,不以
qí dào dé zhī bú qù yě jūn zǐ qù rén wū
其道得之,不去也。君子去仁,恶
hū chéng míng jūn zǐ wú zhōng shí zhī jiān wéi rén
乎成名?君子无终食之间违仁,
zào cì bì yú shì diān pèi bì yú shì
造次必于是,颠沛必于是。”

4.6

zǐ yuē wǒ wèi jiàn hào rén zhě
子曰:“我未见好仁者,
wù bù rén zhě hào rén zhě wú yǐ
恶不仁者。好仁者,无以
shàng zhī wù bù rén zhě qí wéi rén yǐ bù shǐ
尚之;恶不仁者,其为仁矣,不使
bù rén zhě jiā hū qí shēn yǒu néng yí rì yòng qí
不仁者加乎其身。有能一日用其
lì yú rén yǐ hū wǒ wèi jiàn lì bù zú zhě
力于仁矣乎?我未见力不足者。
gài yǒu zhī yǐ wǒ wèi zhī jiàn yě
盖有之矣,我未之见也。”

zǐ yuē rén zhī guò yě gè yú
子曰："人之过也，各于
qí dǎng guān guò sī zhī rén yǐ
其党。观过，斯知仁矣。"

zǐ yuē zhāo wén dào xī sǐ kě
子曰："朝闻道，夕死可
yǐ
矣。"

zǐ yuē shì zhì yú dào ér chǐ
子曰："士志于道，而耻
è yī è shí zhě wèi zú yǔ yì
恶衣恶食者，未足与议
yě
也。"

zǐ yuē jūn zǐ zhī yú tiān xià
子曰："君子之于天下
yě wú dí yě wú mò yě yì zhī yǔ
也，无适也，无莫也，义之与
bì
比。"

zǐ yuē jūn zǐ huái dé xiǎo rén
子曰:“君子怀德,小人
huái tǔ jūn zǐ huái xíng xiǎo rén huái
怀土。君子怀刑,小人怀
huì
惠。”

4.12

zǐ yuē fǎng yú lì ér xíng duō
子曰:“放于利而行,多
yuàn
怨。”

4.13

zǐ yuē néng yǐ lǐ ràng wéi guó
子曰:“能以礼让为国
hū hé yǒu bù néng yǐ lǐ ràng wéi
乎?何有?不能以礼让为
guó rú lǐ hé
国,如礼何?”

zǐ yuē bú huàn wú wèi huàn suǒ
子曰:“不患无位,患所
yǐ lì bú huàn mò jǐ zhī qiú wéi kě
以立;不患莫己知,求为可
zhī yě
知也。”

4.15

zǐ yuē shēn hū wú dào yī yǐ
子曰："参乎！吾道一以
guàn zhī zēng zǐ yuē wéi zǐ chū
贯之。"曾子曰："唯。"子出，
mén rén wèn yuē hé wèi yě zēng zǐ yuē fū zǐ
门人问曰："何谓也？"曾子曰："夫子
zhī dào zhōng shù ér yǐ yǐ
之道，忠恕而已矣。"

4.16

zǐ yuē jūn zǐ yù yú yì xiǎo
子曰："君子喻于义，小
rén yù yú lì
人喻于利。"

4.17

zǐ yuē jiàn xián sī qí yān jiàn
子曰："见贤思齐焉，见
bù xián ér nèi zì xǐng yě
不贤而内自省也。"

4.18

zǐ yuē shì fù mǔ jī jiàn jiàn
子曰："事父母几谏。见
zhì bù cóng yòu jìng bù wéi láo ér bú
志不从，又敬不违，劳而不
yuàn
怨。"

4.19

zǐ yuē fù mǔ zài bù yuǎn yóu

子曰："父母在，不远游。

yóu bì yǒu fāng

游必有方。"

4.20

zǐ yuē sān nián wú gǎi yú fù

子曰："三年无改于父

zhī dào kě wèi xiào yǐ

之道，可谓孝矣。"

4.21

zǐ yuē fù mǔ zhī nián bù kě

子曰："父母之年，不可

bù zhī yě yī zé yǐ xǐ yī zé yǐ

不知也。一则以喜，一则以

jù

惧。"

4.22

zǐ yuē gǔ zhě yán zhī bù chū

子曰："古者言之不出，

chǐ gōng zhī bú dài yě

耻躬之不逮也。"

4.23

zǐ yuē yǐ yuē shī zhī zhě xiǎn

子曰："以约失之者，鲜

yǐ

矣。"

zǐ yuē jūn zǐ yù nè yú yán
子曰："君子欲讷于言
ér mǐn yú xíng
而敏于行。"

zǐ yuē dé bù gū bì yǒu lín
子曰："德不孤，必有邻。"

zǐ yóu yuē shì jūn shuò sī rǔ
子游曰："事君数，斯辱
yǐ péng yǒu shuò sī shū yǐ
矣；朋友数，斯疏矣。"

gōng yě cháng dì wǔ

公冶长第五

5.1

zǐ wèi gōng yě cháng kě qì yě

子谓公冶长，“可妻也。

suī zài léi xiè zhī zhōng fēi qí zuì

虽在缧绁之中，非其罪

yě yǐ qí zǐ qì zhī zǐ wèi nán róng bāng yǒu

也。”以其子妻之。子谓南容，“邦有

dào bú fèi bāng wú dào miǎn yú xíng lù yǐ

道，不废；邦无道，免于刑戮”。以

qí xiōng zhī zǐ qì zhī

其兄之子妻之。

5.2

zǐ wèi zǐ jiàn jūn zǐ zāi ruò

子谓子贱，“君子哉若

rén lǔ wú jūn zǐ zhě sī yān qǔ

人！鲁无君子者，斯焉取

sī

斯？”

5.3

zǐ gòng wèn yuē cì yě hé

子贡问曰：“赐也何

rú zǐ yuē rǔ qì yě yuē hé

如？”子曰：“女器也。”曰：“何

qì yě yuē hú lián yě
器也？”曰：“瑚琏也。”

5.4

huò yuē yōng yě rén ér bú
或曰：“雍也仁而不
nìng zǐ yuē yān yòng nìng yù rén yǐ
佞。”子曰：“焉用佞？御人以
kǒu jǐ lǚ zēng yú rén bù zhī qí rén yān yòng
口给，屡憎于人。不知其仁，焉用
nìng
佞？”

5.5

zǐ shǐ qī diāo kāi shì duì yuē
子使漆雕开仕。对曰：
wú sī zhī wèi néng xìn zǐ yuè
“吾斯之未能信。”子说。

5.6

zǐ yuē dào bù xíng chéng fú fú
子曰：“道不行，乘桴浮
yú hǎi zòng wǒ zhě qí yóu yú zǐ
于海。从我者其由与？”子
lù wén zhī xǐ zǐ yuē yóu yě hào yǒng guò wǒ
路闻之喜。子曰：“由也好勇过我，
wú suǒ qǔ cái
无所取材。”

5.7

mèng wǔ bó wèn zǐ lù rén
孟武伯问："子路仁
hū zǐ yuē bù zhī yě yòu wèn
乎？"子曰："不知也。"又问。
zǐ yuē yóu yě qiān shèng zhī guó kě shǐ zhì qí
子曰："由也，千乘之国，可使治其
fù yě bù zhī qí rén yě qiú yě hé rú zǐ
赋也，不知其仁也。""求也何如？"子
yuē qiú yě qiān shì zhī yì bǎi shèng zhī jiā kě
曰："求也，千室之邑，百乘之家，可
shǐ wéi zhī zǎi yě bù zhī qí rén yě chì yě
使为之宰也，不知其仁也。""赤也
hé rú zǐ yuē chì yě shù dài lì yú cháo kě
何如？"子曰："赤也，束带立于朝，可
shǐ yǔ bīn kè yán yě bù zhī qí rén yě
使与宾客言也，不知其仁也。"

5.8

zǐ wèi zǐ gòng yuē rǔ yǔ huí
子谓子贡曰："女与回
yě shú yù duì yuē cì yě hé gǎn
也孰愈？"对曰："赐也何敢
wàng huí huí yě wén yī yǐ zhī shí cì yě wén
望回。回也闻一以知十，赐也闻
yī yǐ zhī èr zǐ yuē fú rú yě wú yǔ rǔ
一以知二。"子曰："弗如也！吾与女
fú rú yě
弗如也。"

5.9

zǎi yú zhòu qǐn zǐ yuē xiǔ mù
宰予昼寝。子曰："朽木
bù kě diāo yě fèn tǔ zhī qiáng bù kě
不可雕也，粪土之墙不可
wū yě yú yú yú hé zhū zǐ yuē shǐ wú yú
圬也，于予与何诛！"子曰："始吾于
rén yě tīng qí yán ér xìn qí xíng jīn wú yú rén
人也，听其言而信其行；今吾于人
yě tīng qí yán ér guān qí xíng yú yú yú gǎi
也，听其言而观其行。于予与改
shì
是。"

5.10

zǐ yuē wú wèi jiàn gāng zhě huò
子曰："吾未见刚者。"或
duì yuē shēn chéng zǐ yuē chéng yě
对曰："申枨。"子曰："枨也
yù yān dé gāng
欲，焉得刚？"

5.11

zǐ gòng yuē wǒ bú yù rén zhī
子贡曰："我不欲人之
jiā zhū wǒ yě wú yì yù wú jiā zhū
加诸我也，吾亦欲无加诸
rén zǐ yuē cì yě fēi ěr suǒ jí yě
人。"子曰："赐也，非尔所及也。"

5.12

zǐ gòng yuē fū zǐ zhī wén zhāng
子贡曰："夫子之文章，
kě dé ér wén yě fū zǐ zhī yán xìng
可得而闻也；夫子之言性
yǔ tiān dào bù kě dé ér wén yě
与天道，不可得而闻也。"

5.13

zǐ lù yǒu wén wèi zhī néng xíng
子路有闻，未之能行，
wéi kǒng yòu wén
唯恐有闻。

5.14

zǐ gòng wèn yuē kǒng wén zǐ hé
子贡问曰："孔文子何
yǐ wèi zhī wén yě zǐ yuē mǐn ér
以谓之文也？"子曰："敏而
hào xué bù chǐ xià wèn shì yǐ wèi zhī wén yě
好学，不耻下问，是以谓之文也。"

5.15

zǐ wèi zǐ chǎn yǒu jūn zǐ zhī
子谓子产，"有君子之
dào sì yān qí xíng jǐ yě gōng qí shì
道四焉：其行己也恭，其事
shàng yě jìng qí yǎng mín yě huì qí shǐ mín yě
上也敬，其养民也惠，其使民也
yì
义。"

5.16

子曰："晏平仲善与人交，久而敬之。"

5.17

子曰："臧文仲居蔡，山节藻棁，何如其知也？"

5.18

子张问曰："令尹子文三仕为令尹，无喜色；三已之，无愠色。旧令尹之政，必以告新令尹。何如？"子曰："忠矣。"曰："仁矣乎？"曰："未知，焉得仁？""崔子弑齐君，陈文子有马十乘，弃而违之。至于他邦，则曰：'犹吾大夫崔子也。'违之。之一邦，则又曰：'犹

wú dà fū cuī zǐ yě wéi zhī hé rú zǐ
吾大夫崔子也。’违之。何如？”子
yuē qīng yǐ yuē rén yǐ hū yuē wèi zhī
曰：“清矣。”曰：“仁矣乎？”曰：“未知。
yān dé rén
焉得仁？”

5.19 jì wén zǐ sān sī ér hòu xíng
季文子三思而后行。
zǐ wén zhī yuē zài sī kě yǐ
子闻之曰：“再，斯可矣。”

5.20 zǐ yuē nìng wǔ zǐ bāng yǒu dào
子曰：“宁武子邦有道
zé zhì bāng wú dào zé yú qí zhì
则知，邦无道则愚。其知
kě jí yě qí yú bù kě jí yě
可及也，其愚不可及也。”

5.21 zǐ zài chén yuē guī yú guī
子在陈曰：“归与！归
yú wú dǎng zhī xiǎo zǐ kuáng jiǎn fěi
与！吾党之小子狂简，斐
rán chéng zhāng bù zhī suǒ yǐ cái zhī
然成章，不知所以裁之。”

zǐ yuē bó yí shū qí bú niàn
子曰："伯夷、叔齐不念
jiù è yuàn shì yòng xī
旧恶，怨是用希。"

5.23

zǐ yuē shú wèi wēi shēng gāo zhí
子曰："孰谓微生高直？
huò qǐ xī yān qǐ zhū qí lín ér yǔ
或乞醯焉，乞诸其邻而与
zhī
之。"

5.24

zǐ yuē qiǎo yán lìng sè jù gōng
子曰："巧言、令色、足恭，
zuǒ qiū míng chǐ zhī qiū yì chǐ zhī nì
左丘明耻之，丘亦耻之。匿
yuàn ér yǒu qí rén zuǒ qiū míng chǐ zhī qiū yì chǐ
怨而友其人，左丘明耻之，丘亦耻
zhī
之。"

5.25

yán yuān jì lù shì zǐ yuē
颜渊、季路侍。子曰：
hé gè yán ěr zhì zǐ lù yuē yuàn
"盍各言尔志？"子路曰："愿
jū mǎ yì qīng qiú yǔ péng yǒu gòng bì zhī ér
车马、衣轻裘，与朋友共。敝之而

wú hàn yán yuān yuē yuàn wú fá shàn wú shī
无憾。”颜渊曰：“愿无伐善，无施
láo zǐ lù yuē yuàn wén zǐ zhī zhì zǐ yuē
劳。”子路曰：“愿闻子之志。”子曰：
lǎo zhě ān zhī péng yǒu xìn zhī shào zhě huái zhī
“老者安之，朋友信之，少者怀之。”

5.26

zǐ yuē yǐ yǐ hū wú wèi jiàn
子曰：“已矣乎！吾未见
néng jiàn qí guò ér nèi zì sòng zhě yě
能见其过而内自讼者也。”

5.27

zǐ yuē shí shì zhī yì bì yǒu
子曰：“十室之邑，必有
zhōng xìn rú qiū zhě yān bù rú qiū zhī
忠信如丘者焉，不如丘之
hào xué yě
好学也。”

雍也第六

6.1 子曰："雍也可使南面。"仲弓问子桑伯子，子曰："可也简。"仲弓曰："居敬而行简，以临其民，不亦可乎？居简而行简，无乃大简乎？"子曰："雍之言然。"

6.2 哀公问："弟子孰为好学？"孔子对曰："有颜回者好学，不迁怒，不贰过。不幸短命死矣！今也则亡，未闻好学者也。"

6.3

zǐ huá shǐ yú qí rǎn zǐ wèi qí
子华使于齐，冉子为其
mǔ qǐng sù zǐ yuē yǔ zhī fǔ qǐng
母请粟。子曰："与之釜。"请
yì yuē yǔ zhī yǔ rǎn zǐ yǔ zhī sù wǔ
益。曰："与之庾。"冉子与之粟五
bǐng zǐ yuē chì zhī shì qí yě chéng féi mǎ yì
秉。子曰："赤之适齐也，乘肥马，衣
qīng qiú wú wén zhī yě jūn zǐ zhōu jí bú jì
轻裘。吾闻之也，君子周急不继
fù yuán sī wéi zhī zǎi yǔ zhī sù jiǔ bǎi cí
富。"原思为之宰，与之粟九百，辞。
zǐ yuē wú yǐ yǔ ěr lín lǐ xiāng dǎng hū
子曰："毋！以与尔邻里乡党乎！"

6.4

zǐ wèi zhòng gōng yuē lí niú zhī
子谓仲弓曰："犁牛之
zǐ xīng qiě jiǎo suī yù wù yòng shān chuān
子骍且角，虽欲勿用，山川
qí shě zhū
其舍诸？"

6.5

zǐ yuē huí yě qí xīn sān yuè
子曰："回也，其心三月
bù wéi rén qí yú zé rì yuè zhì yān
不违仁，其余则日月至焉

而已矣。”

6.6

季康子问：“仲由可使从政也与？”子曰：“由也果，于从政乎何有？”曰：“赐也，可使从政也与？”曰：“赐也达，于从政乎何有？”曰：“求也，可使从政也与？”曰：“求也艺，于从政乎何有？”

6.7

季氏使闵子骞为费宰。闵子骞曰：“善为我辞焉。如有复我者，则吾必在汶上矣。”

6.8

bó niú yǒu jí zǐ wèn zhī zì
伯牛有疾，子问之，自

yǒu zhí qí shǒu yuē wáng zhī mìng yǐ
牖执其手，曰：“亡之，命矣

fú sī rén yě ér yǒu sī jí yě sī rén yě
夫！斯人也而有斯疾也！斯人也

ér yǒu sī jí yě
而有斯疾也！”

6.9

zǐ yuē xián zāi huí yě yì dān
子曰：“贤哉，回也！一箪

sì yì piáo yǐn zài lòu xiàng rén bù
食，一瓢饮，在陋巷。人不

kān qí yōu huí yě bù gǎi qí lè xián zāi huí
堪其忧，回也不改其乐。贤哉，回

yě
也！”

6.10

rǎn qiú yuē fēi bú yuè zǐ zhī
冉求曰：“非不说子之

dào lì bù zú yě zǐ yuē lì bù
道，力不足也。”子曰：“力不

zú zhě zhōng dào ér fèi jīn rǔ huà
足者，中道而废。今女画。”

6.11

zǐ wèi zǐ xià yuē rǔ wéi jūn
子谓子夏曰："女为君
zǐ rú wú wéi xiǎo rén rú
子儒，无为小人儒。"

6.12

zǐ yóu wéi wǔ chéng zǎi zǐ yuē
子游为武城宰。子曰：
rǔ dé rén yān ěr hū yuē yǒu tán
"女得人焉耳乎？"曰："有澹
tái miè míng zhě xíng bù yóu jìng fēi gōng shì wèi
台灭明者，行不由径。非公事，未
cháng zhì yú yǎn zhī shì yě
尝至于偃之室也。"

6.13

zǐ yuē mèng zhī fǎn bù fá bēn
子曰："孟之反不伐，奔
ér diàn jiāng rù mén cè qí mǎ yuē
而殿。将入门，策其马，曰：
fēi gǎn hòu yě mǎ bú jìn yě
'非敢后也，马不进也。'"

6.14

zǐ yuē bù yǒu zhù tuó zhī nìng
子曰："不有祝鮀之佞，
ér yǒu sòng zhāo zhī měi nán hū miǎn yú
而有宋朝之美，难乎免于

jīn zhī shì yǐ
今之世矣！”

6.15

zǐ yuē shuí néng chū bù yóu hù
子曰：“谁能出不由户？
hé mò yóu sī dào yě
何莫由斯道也？”

6.16

zǐ yuē zhì shèng wén zé yě wén
子曰：“质胜文则野，文
shèng zhì zé shǐ wén zhì bīn bīn rán
胜质则史。文质彬彬，然
hòu jūn zǐ
后君子。”

6.17

zǐ yuē rén zhī shēng yě zhí wǎng
子曰：“人之生也直，罔
zhī shēng yě xìng ér miǎn
之生也幸而免。”

6.18

zǐ yuē zhī zhī zhě bù rú hào
子曰：“知之者不如好
zhī zhě hào zhī zhě bù rú lè zhī
之者，好之者不如乐之
zhě
者。”

6.19

zǐ yuē zhōng rén yǐ shàng kě yǐ
子曰："中人以上，可以
yù shàng yě zhōng rén yǐ xià bù kě
语上也；中人以下，不可
yǐ yù shàng yě
以语上也。"

6.20

fán chí wèn zhì zǐ yuē wù mín
樊迟问知。子曰："务民
zhī yì jìng guǐ shén ér yuàn zhī kě wèi
之义，敬鬼神而远之，可谓
zhì yǐ wèn rén yuē rén zhě xiān nán ér hòu
知矣。"问仁。曰："仁者先难而后
huò kě wèi rén yǐ
获，可谓仁矣。"

6.21

zǐ yuē zhì zhě yào shuǐ rén zhě
子曰："知者乐水，仁者
yào shān zhì zhě dòng rén zhě jìng zhì
乐山；知者动，仁者静；知
zhě lè rén zhě shòu
者乐，仁者寿。"

6.22

zǐ yuē qí yí biàn zhì yú lǔ
子曰："齐一变，至于鲁；

lǔ yí biàn zhì yú dào
鲁一变，至于道。”

6.23

zǐ yuē gū bù gū gū zāi gū zāi
子曰：“觚不觚，觚哉！觚哉！”

6.24

zǎi wǒ wèn yuē rén zhě suī gào zhī yuē jǐng yǒu rén yān qí cóng zhī yě zǐ yuē hé wéi qí rán yě jūn zǐ kě shì yě bù kě xiàn yě kě qī yě bù kě wǎng yě
宰我问曰：“仁者，虽告之曰：‘井有仁焉。’其从之也？”子曰：“何为其然也？君子可逝也，不可陷也；可欺也，不可罔也。”

6.25

zǐ yuē jūn zǐ bó xué yú wén yuē zhī yǐ lǐ yì kě yǐ fú pàn yǐ fú
子曰：“君子博学于文，约之以礼，亦可以弗畔矣夫！”

6.26

zǐ jiàn nán zǐ zǐ lù bú yuè
子见南子，子路不说。

fū zǐ shǐ zhī yuē yú suǒ fǒu zhě tiān yàn zhī
夫子矢之曰：“予所否者，天厌之！
tiān yàn zhī
天厌之！”

6.27

zǐ yuē zhōng yōng zhī wéi dé yě
子曰：“中庸之为德也，
qí zhì yǐ hū mín xiǎn jiǔ yǐ
其至矣乎！民鲜久矣。”

6.28

zǐ gòng yuē rú yǒu bó shī yú
子贡曰：“如有博施于
mín ér néng jì zhòng hé rú kě wèi
民而能济众，何如？可谓
rén hū zǐ yuē hé shì yú rén bì yě shèng
仁乎？”子曰：“何事于仁，必也圣
hū yáo shùn qí yóu bìng zhū fú rén zhě jǐ yù
乎！尧舜其犹病诸？夫仁者，己欲
lì ér lì rén jǐ yù dá ér dá rén néng jìn
立而立人，己欲达而达人。能近
qǔ pì kě wèi rén zhī fāng yě yǐ
取譬，可谓仁之方也已。”

shù ér dì qī
述而第七

zǐ yuē shù ér bú zuò xìn ér
子曰："述而不作，信而
hào gǔ qiè bǐ yú wǒ lǎo péng
好古，窃比于我老彭。"

zǐ yuē mò ér zhì zhī xué ér
子曰："默而识之，学而
bú yàn huì rén bú juàn hé yǒu yú wǒ
不厌，诲人不倦，何有于我
zāi
哉？"

zǐ yuē dé zhī bù xiū xué zhī
子曰："德之不修，学之
bù jiǎng wén yì bù néng xǐ bú shàn bù
不讲，闻义不能徙，不善不
néng gǎi shì wú yōu yě
能改，是吾忧也。"

zǐ zhī yàn jū shēn shēn rú yě
子之燕居，申申如也，

yāo yāo rú yě
夭夭如也。

7.5

zǐ yuē shèn yǐ wú shuāi yě
子曰："甚矣，吾衰也！
jiǔ yǐ wú bú fù mèng jiàn zhōu gōng
久矣，吾不复梦见周公。"

7.6

zǐ yuē zhì yú dào jù yú dé
子曰："志于道，据于德，
yī yú rén yóu yú yì
依于仁，游于艺。"

7.7

zǐ yuē zì xíng shù xiū yǐ shàng
子曰："自行束脩以上，
wú wèi cháng wú huì yān
吾未尝无诲焉。"

7.8

zǐ yuē bú fèn bù qǐ bù fěi
子曰："不愤不启，不悱
bù fā jǔ yì yú bù yǐ sān yú fǎn
不发，举一隅不以三隅反，
zé bú fù yě
则不复也。"

zǐ shí yú yǒu sāng zhě zhī cè wèi
子食于有丧者之侧，未
cháng bǎo yě zǐ yú shì rì kū zé
尝饱也。子于是日哭，则
bù gē
不歌。

7.10

zǐ wèi yán yuān yuē yòng zhī zé
子谓颜渊曰：“用之则
xíng shè zhī zé cáng wéi wǒ yǔ ěr yǒu
行，舍之则藏，唯我与尔有
shì fú zǐ lù yuē zǐ xíng sān jūn zé shuí
是夫！”子路曰：“子行三军，则谁
yǔ zǐ yuē bào hǔ píng hé sǐ ér wú huǐ zhě
与？”子曰：“暴虎冯河，死而无悔者，
wú bù yǔ yě bì yě lín shì ér jù hào móu
吾不与也。必也临事而惧，好谋
ér chéng zhě yě
而成者也。”

7.11

zǐ yuē fù ér kě qiú yě suī
子曰：“富而可求也，虽
zhí biān zhī shì wú yì wéi zhī rú bù
执鞭之士，吾亦为之。如不
kě qiú cóng wú suǒ hào
可求，从吾所好。”

7.12

zǐ zhī suǒ shèn zhāi zhàn jí

子之所慎：齐，战，疾。

7.13

zǐ zài qí wén sháo sān yuè bù

子在齐闻《韶》，三月不

zhī ròu wèi yuē bù tú wéi yuè zhī

知肉味。曰："不图为乐之

zhì yú sī yě

至于斯也！"

7.14

rǎn yǒu yuē fū zǐ wèi wèi jūn

冉有曰："夫子为卫君

hū zǐ gòng yuē nuò wú jiāng wèn

乎？"子贡曰："诺。吾将问

zhī rù yuē bó yí shū qí hé rén yě

之。"入，曰："伯夷、叔齐何人也？"

yuē gǔ zhī xián rén yě yuē yuàn hū yuē

曰："古之贤人也。"曰："怨乎？"曰：

qiú rén ér dé rén yòu hé yuàn chū yuē fū

"求仁而得仁，又何怨。"出，曰："夫

zǐ bú wèi yě

子不为也。"

7.15

zǐ yuē fàn shū sì yǐn shuǐ qū

子曰："饭疏食饮水，曲

gōng ér zhěn zhī lè yì zài qí zhōng yǐ bú yì

肱而枕之，乐亦在其中矣。不义

ér fù qiě guì yú wǒ rú fú yún

而富且贵，于我如浮云。”

7.16

zǐ yuē jiā wǒ shù nián wǔ shí

子曰：“加我数年，五十

yǐ xué yì kě yǐ wú dà guò yǐ

以学《易》，可以无大过矣。”

7.17

zǐ suǒ yǎ yán shī shū

子所雅言：《诗》、《书》、

zhí lǐ jiē yǎ yán yě

执礼，皆雅言也。

7.18

shè gōng wèn kǒng zǐ yú zǐ lù zǐ

叶公问孔子于子路，子

lù bú duì zǐ yuē rǔ xī bù yuē

路不对。子曰：“女奚不曰，

qí wéi rén yě fā fèn wàng shí lè yǐ wàng yōu

其为人也，发愤忘食，乐以忘忧，

bù zhī lǎo zhī jiāng zhì yún ěr

不知老之将至云尔。”

7.19

zǐ yuē wǒ fēi shēng ér zhī zhī

子曰：“我非生而知之

者，好古，敏以求之者也。”

7.20

子不语怪，力，乱，神。

7.21

子曰：“三人行，必有我师焉。择其善者而从之，其不善者而改之。”

7.22

子曰：“天生德于予，桓魋其如予何？”

7.23

子曰：“二三子以我为隐乎？吾无隐乎尔。吾无行而不与二三子者，是丘也。”

7.24

zǐ yǐ sì jiào wén xìng zhōng xìn
子以四教：文，行，忠，信。

7.25

zǐ yuē shèng rén wú bù dé ér
子曰："圣人，吾不得而
jiàn zhī yǐ dé jiàn jūn zǐ zhě sī kě
见之矣；得见君子者，斯可
yǐ zǐ yuē shàn rén wú bù dé ér jiàn zhī yǐ
矣。"子曰："善人，吾不得而见之矣；
dé jiàn yǒu héng zhě sī kě yǐ wú ér wéi yǒu
得见有恒者，斯可矣。亡而为有，
xū ér wéi yíng yuē ér wéi tài nán hū yǒu héng
虚而为盈，约而为泰，难乎有恒
yǐ
矣。"

7.26

zǐ diào ér bù gāng yì bú shè
子钓而不纲，弋不射
sù
宿。

7.27

zǐ yuē gài yǒu bù zhī ér zuò
子曰："盖有不知而作
zhī zhě wǒ wú shì yě duō wén zé qí
之者，我无是也。多闻择其

shàn zhě ér cóng zhī duō jiàn ér zhì zhī zhī zhī cì
善者而从之，多见而识之，知之次
yě
也。”

7.28

hù xiāng nán yǔ yán tóng zǐ xiàn
互乡难与言，童子见，
mén rén huò zǐ yuē yǔ qí jìn yě
门人惑。子曰：“与其进也，
bù yǔ qí tuì yě wéi hé shèn rén jié jǐ yǐ
不与其退也，唯何甚？人洁己以
jìn yǔ qí jié yě bù bǎo qí wǎng yě
进，与其洁也，不保其往也。”

7.29

zǐ yuē rén yuǎn hū zāi wǒ yù
子曰：“仁远乎哉？我欲
rén sī rén zhì yǐ
仁，斯仁至矣。”

7.30

chén sī bài wèn zhāo gōng zhī lǐ
陈司败问：“昭公知礼
hū kǒng zǐ yuē zhī lǐ kǒng zǐ
乎？”孔子曰：“知礼。”孔子
tuì yī wū mǎ qī ér jìn zhī yuē wú wén jūn
退，揖巫马期而进之，曰：“吾闻君
zǐ bù dǎng jūn zǐ yì dǎng hū jūn qǔ yú wú
子不党，君子亦党乎？君取于吴

wéi tóng xìng wèi zhī wú mèng zǐ jūn ér zhī lǐ
为同姓，谓之吴孟子。君而知礼，
shú bù zhī lǐ wū mǎ qī yǐ gào zǐ yuē qiū
孰不知礼？”巫马期以告。子曰：“丘
yě xìng gǒu yǒu guò rén bì zhī zhī
也幸，苟有过，人必知之。”

7.31

zǐ yǔ rén gē ér shàn bì shǐ fǎn
子与人歌而善，必使反
zhī ér hòu hè zhī
之，而后和之。

7.32

zǐ yuē wén mò wú yóu rén yě
子曰：“文，莫吾犹人也。
gōng xíng jūn zǐ zé wú wèi zhī yǒu
躬行君子，则吾未之有
dé
得。”

7.33

zǐ yuē ruò shèng yǔ rén zé wú
子曰：“若圣与仁，则吾
qǐ gǎn yì wéi zhī bú yàn huì rén bú
岂敢？抑为之不厌，诲人不
juàn zé kě wèi yún ěr yǐ yǐ gōng xī huá yuē
倦，则可谓云尔已矣。”公西华曰：
zhèng wéi dì zǐ bù néng xué yě
“正唯弟子不能学也。”

7.34

子疾病，子路请祷。子曰："有诸？"子路对曰："有之。《诔》曰：'祷尔于上下神祇。'"子曰："丘之祷久矣。"

7.35

子曰："奢则不孙，俭则固。与其不孙也，宁固。"

7.36

子曰："君子坦荡荡，小人长戚戚。"

7.37

子温而厉，威而不猛，恭而安。

tài bó dì bā

泰伯第八

8.1

zǐ yuē tài bó qí kě wèi zhì

子曰：“泰伯，其可谓至

dé yě yǐ yǐ sān yǐ tiān xià ràng mín

德也已矣！三以天下让，民

wú dé ér chēng yān

无得而称焉。”

8.2

zǐ yuē gōng ér wú lǐ zé láo

子曰：“恭而无礼则劳，

shèn ér wú lǐ zé xǐ yǒng ér wú lǐ

慎而无礼则葸，勇而无礼

zé luàn zhí ér wú lǐ zé jiǎo jūn zǐ dǔ yú

则乱，直而无礼则绞。君子笃于

qīn zé mín xīng yú rén gù jiù bù yí zé mín

亲，则民兴于仁；故旧不遗，则民

bù tōu

不偷。”

8.3

zēng zǐ yǒu jí zhào mén dì zǐ

曾子有疾，召门弟子

yuē qǐ yú zú qǐ yú shǒu shī

曰：“启予足！启予手！《诗》

yún zhàn zhàn jīng jīng rú lín shēn yuān rú lǚ bó

云：‘战战兢兢，如临深渊，如履薄

bīng ér jīn ér hòu wú zhī miǎn fú xiǎo zǐ

冰。’而今而后，吾知免夫！小子！”

8.4

zēng zǐ yǒu jí mèng jìng zǐ wèn

曾子有疾，孟敬子问

zhī zēng zǐ yán yuē niǎo zhī jiāng sǐ

之。曾子言曰：“鸟之将死，

qí míng yě āi rén zhī jiāng sǐ qí yán yě shàn

其鸣也哀；人之将死，其言也善。

jūn zǐ suǒ guì hū dào zhě sān dòng róng mào sī yuàn

君子所贵乎道者三：动容貌，斯远

bào màn yǐ zhèng yán sè sī jìn xìn yǐ chū cí

暴慢矣；正颜色，斯近信矣；出辞

qì sī yuàn bǐ bèi yǐ biān dòu zhī shì zé yǒu

气，斯远鄙倍矣。笾豆之事，则有

sī cún

司存。”

8.5

zēng zǐ yuē yǐ néng wèn yú bù

曾子曰：“以能问于不

néng yǐ duō wèn yú guǎ yǒu ruò wú shí

能，以多问于寡；有若无，实

ruò xū fàn ér bú jiào xī zhě wú yǒu cháng cóng

若虚，犯而不校，昔者吾友尝从

shì yú sī yǐ

事于斯矣。”

8.6 曾子曰："可以托六尺之孤，可以寄百里之命，临大节而不可夺也。君子人与？君子人也。"

zēng zǐ yuē kě yǐ tuō liù chǐ zhī gū kě yǐ jì bǎi lǐ zhī mìng lín dà jié ér bù kě duó yě jūn zǐ rén yú jūn zǐ rén yě

8.7 曾子曰："士不可以不弘毅，任重而道远。仁以为己任，不亦重乎？死而后已，不亦远乎？"

zēng zǐ yuē shì bù kě yǐ bù hóng yì rèn zhòng ér dào yuǎn rén yǐ wéi jǐ rèn bú yì zhòng hū sǐ ér hòu yǐ bú yì yuǎn hū

8.8 子曰："兴于《诗》，立于礼，成于乐。"

zǐ yuē xīng yú shī lì yú lǐ chéng yú yuè

8.9 子曰："民可使由之，不

zǐ yuē mín kě shǐ yóu zhī bù

kě shǐ zhī zhī
可使知之。”

8.10

zǐ yuē hào yǒng jí pín luàn yě
子曰：“好勇疾贫，乱也。
rén ér bù rén jí zhī yǐ shèn luàn
人而不仁，疾之已甚，乱
yě
也。”

8.11

zǐ yuē rú yǒu zhōu gōng zhī cái
子曰：“如有周公之才
zhī měi shǐ jiāo qiě lìn qí yú bù zú
之美，使骄且吝，其余不足
guān yě yǐ
观也已。”

8.12

zǐ yuē sān nián xué bù zhì yú
子曰：“三年学，不至于
gǔ bù yì dé yě
谷，不易得也。”

8.13

zǐ yuē dǔ xìn hào xué shǒu sǐ
子曰：“笃信好学，守死
shàn dào wēi bāng bú rù luàn bāng bù
善道。危邦不入，乱邦不

jū tiān xià yǒu dào zé xiàn wú dào zé yǐn bāng
居。天下有道则见，无道则隐。邦
yǒu dào pín qiě jiàn yān chǐ yě bāng wú dào fù
有道，贫且贱焉，耻也；邦无道，富
qiě guì yān chǐ yě
且贵焉，耻也。”

8.14

zǐ yuē bú zài qí wèi bù móu
子曰：“不在其位，不谋
qí zhèng
其政。”

8.15

zǐ yuē shī zhì zhī shǐ guān
子曰：“师挚之始，《关
jū zhī luàn yáng yáng hū yíng ěr
雎》之乱，洋洋乎！盈耳
zāi
哉。”

8.16

zǐ yuē kuáng ér bù zhí tóng ér
子曰：“狂而不直，侗而
bú yuàn kōng kōng ér bú xìn wú bù zhī
不愿，悾悾而不信，吾不知
zhī yǐ
之矣。”

8.17

zǐ yuē xué rú bù jí yóu kǒng
子曰："学如不及，犹恐

shī zhī
失之。"

8.18

zǐ yuē wēi wēi hū shùn yǔ zhī
子曰："巍巍乎！舜禹之

yǒu tiān xià yě ér bú yù yān
有天下也，而不与焉。"

8.19

zǐ yuē dà zāi yáo zhī wéi jūn
子曰："大哉尧之为君

yě wēi wēi hū wéi tiān wéi dà wéi
也！巍巍乎！唯天为大，唯

yáo zé zhī dàng dàng hū mín wú néng míng yān
尧则之。荡荡乎！民无能名焉。

wēi wēi hū qí yǒu chéng gōng yě huàn hū qí yǒu
巍巍乎！其有成功也；焕乎，其有

wén zhāng
文章！"

8.20

shùn yǒu chén wǔ rén ér tiān xià
舜有臣五人而天下

zhì wǔ wáng yuē yú yǒu luàn chén shí
治。武王曰："予有乱臣十

rén kǒng zǐ yuē cái nán bù qí rán hū táng yú
人。"孔子曰："才难，不其然乎？唐虞

zhī jì yú sī wéi shèng yǒu fù rén yān jiǔ rén
之际，于斯为盛。有妇人焉，九人

ér yǐ sān fēn tiān xià yǒu qí èr yǐ fú shì
而已。三分天下有其二，以服事

yīn zhōu zhī dé qí kě wèi zhì dé yě yǐ yǐ
殷。周之德，其可谓至德也已矣。”

8.21

zǐ yuē yǔ wú wú jiàn rán yǐ
子曰：“禹，吾无间然矣。

fěi yǐn shí ér zhì xiào hū guǐ shén è
菲饮食，而致孝乎鬼神；恶

yī fú ér zhì měi hū fú miǎn bēi gōng shì ér
衣服，而致美乎黻冕；卑宫室，而

jìn lì hū gōu xù yǔ wú wú jiàn rán yǐ
尽力乎沟洫。禹，吾无间然矣。”

zǐ hǎn dì jiǔ
子罕第九

9.1

zǐ hǎn yán lì yǔ mìng yǔ rén
子罕言利与命与仁。

9.2

dá xiàng dǎng rén yuē dà zāi kǒng
达巷党人曰："大哉孔
zǐ bó xué ér wú suǒ chéng míng zǐ
子！博学而无所成名。"子
wén zhī wèi mén dì zǐ yuē wú hé zhí zhí yù
闻之，谓门弟子曰："吾何执？执御
hū zhí shè hū wú zhí yù yǐ
乎？执射乎？吾执御矣。"

9.3

zǐ yuē má miǎn lǐ yě jīn yě
子曰："麻冕，礼也；今也
chún jiǎn wú cóng zhòng bài xià lǐ
纯，俭。吾从众。拜下，礼
yě jīn bài hū shàng tài yě suī wéi zhòng wú
也；今拜乎上，泰也。虽违众，吾
cóng xià
从下。"

9.4

zǐ jué sì wú yì wú bì wú
子绝四：毋意，毋必，毋
gù wú wǒ
固，毋我。

9.5

zǐ wèi yú kuāng yuē wén wáng
子畏于匡。曰：“文王
jì mò wén bú zài zī hū tiān zhī jiāng
既没，文不在兹乎？天之将
sàng sī wén yě hòu sǐ zhě bù dé yù yú sī wén
丧斯文也，后死者不得与于斯文
yě tiān zhī wèi sàng sī wén yě kuāng rén qí rú
也；天之未丧斯文也，匡人其如
yú hé
予何？”

9.6

tài zǎi wèn yú zǐ gòng yuē fū
大宰问于子贡曰：“夫
zǐ shèng zhě yú hé qí duō néng yě
子圣者与？何其多能也？”
zǐ gòng yuē gù tiān zòng zhī jiāng shèng yòu duō néng
子贡曰：“固天纵之将圣，又多能
yě zǐ wén zhī yuē tài zǎi zhī wǒ hū wú
也。”子闻之，曰：“大宰知我乎？吾
shào yě jiàn gù duō néng bǐ shì jūn zǐ duō hū
少也贱，故多能鄙事。君子多乎

zāi bù duō yě láo yuē zǐ yún wú bú shì
哉？不多也。”牢曰：“子云，‘吾不试，
gù yì
故艺’。”

9.7

zǐ yuē wú yǒu zhī hū zāi wú
子曰：“吾有知乎哉？无
zhī yě yǒu bǐ fū wèn yú wǒ kōng
知也。有鄙夫问于我，空
kōng rú yě wǒ kòu qí liǎng duān ér jié yān
空如也，我叩其两端而竭焉。”

9.8

zǐ yuē fèng niǎo bú zhì hé bù
子曰：“凤鸟不至，河不
chū tú wú yǐ yǐ fú
出图，吾已矣夫！”

9.9

zǐ jiàn zī cuī zhě miǎn yī cháng
子见齐衰者、冕衣裳
zhě yǔ gǔ zhě jiàn zhī suī shào bì zuò
者与瞽者，见之，虽少必作；
guò zhī bì qū
过之，必趋。

9.10

yán yuān kuì rán tàn yuē yǎng zhī
颜渊喟然叹曰：“仰之

mí gāo zuān zhī mí jiān zhān zhī zài qián hū yān
弥高，钻之弥坚；瞻之在前，忽焉
zài hòu fū zǐ xún xún rán shàn yòu rén bó wǒ
在后。夫子循循然善诱人，博我
yǐ wén yuē wǒ yǐ lǐ yù bà bù néng jì jié
以文，约我以礼。欲罢不能，既竭
wú cái rú yǒu suǒ lì zhuó ěr suī yù cóng zhī mò
吾才，如有所立卓尔，虽欲从之，末
yóu yě yǐ
由也已。”

9.11

zǐ jí bìng zǐ lù shǐ mén rén wéi
子疾病，子路使门人为
chén bìng jiàn yuē jiǔ yǐ zāi yóu
臣。病间，曰：“久矣哉！由
zhī xíng zhà yě wú chén ér wéi yǒu chén wú shuí
之行诈也，无臣而为有臣。吾谁
qī qī tiān hū qiě yú yǔ qí sǐ yú chén zhī
欺？欺天乎？且予与其死于臣之
shǒu yě wú nìng sǐ yú èr sān zǐ zhī shǒu hū
手也，无宁死于二三子之手乎？
qiě yú zòng bù dé dà zàng yú sǐ yú dào lù
且予纵不得大葬，予死于道路
hū
乎？”

9.12

zǐ gòng yuē yǒu měi yù yú sī

子贡曰："有美玉于斯，

yùn dú ér cáng zhū qiú shàn jià ér gū

韫椟而藏诸？求善贾而沽

zhū zǐ yuē gū zhī zāi gū zhī zāi wǒ dài

诸？"子曰："沽之哉！沽之哉！我待

jià zhě yě

贾者也。"

9.13

zǐ yù jū jiǔ yí huò yuē

子欲居九夷。或曰：

lòu rú zhī hé zǐ yuē jūn zǐ jū

"陋，如之何！"子曰："君子居

zhī hé lòu zhī yǒu

之，何陋之有？"

9.14

zǐ yuē wú zì wèi fǎn lǔ rán

子曰："吾自卫反鲁，然

hòu yuè zhèng yǎ sòng gè dé qí

后乐正，《雅》、《颂》各得其

suǒ

所。"

9.15

zǐ yuē chū zé shì gōng qīng rù

子曰："出则事公卿，入

zé shì fù xiōng sāng shì bù gǎn bù miǎn bù wéi jiǔ
则事父兄，丧事不敢不勉，不为酒
kùn hé yǒu yú wǒ zāi
困，何有于我哉？”

9.16

zǐ zài chuān shàng yuē shì zhě rú
子在川上曰：“逝者如
sī fú bù shě zhòu yè
斯夫！不舍昼夜。”

9.17

zǐ yuē wú wèi jiàn hào dé rú
子曰：“吾未见好德如
hào sè zhě yě
好色者也。”

9.18

zǐ yuē pì rú wéi shān wèi chéng
子曰：“譬如为山，未成
yí kuì zhǐ wú zhǐ yě pì rú píng
一篑，止，吾止也。譬如平
dì suī fù yí kuì jìn wú wǎng yě
地，虽覆一篑，进，吾往也。”

9.19

zǐ yuē yù zhī ér bú duò zhě
子曰：“语之而不惰者，
qí huí yě yú
其回也与！”

9.20

zǐ wèi yán yuān yuē xī hū wú
子谓颜渊，曰："惜乎！吾
jiàn qí jìn yě wèi jiàn qí zhǐ yě
见其进也，未见其止也。"

9.21

zǐ yuē miáo ér bú xiù zhě yǒu
子曰："苗而不秀者有
yǐ fú xiù ér bù shí zhě yǒu yǐ
矣夫！秀而不实者有矣
fú
夫！"

9.22

zǐ yuē hòu shēng kě wèi yān zhī
子曰："后生可畏，焉知
lái zhě zhī bù rú jīn yě sì shí
来者之不如今也？四十、
wǔ shí ér wú wén yān sī yì bù zú wèi yě
五十而无闻焉，斯亦不足畏也
yǐ
已。"

9.23

zǐ yuē fǎ yǔ zhī yán néng wú
子曰："法语之言，能无
cóng hū gǎi zhī wéi guì xùn yǔ zhī
从乎？改之为贵。巽与之

yán néng wú yuè hū yì zhī wéi guì yuè ér bú
言，能无说乎？绎之为贵。说而不
yì cóng ér bù gǎi wú mò rú zhī hé yě yǐ
绎，从而不改，吾末如之何也已
yǐ
矣。”

9.24

zǐ yuē zhǔ zhōng xìn wú yǒu bù
子曰：“主忠信，毋友不
rú jǐ zhě guò zé wù dàn gǎi
如己者，过则勿惮改。”

9.25

zǐ yuē sān jūn kě duó shuài yě
子曰：“三军可夺帅也，
pǐ fū bù kě duó zhì yě
匹夫不可夺志也。”

9.26

zǐ yuē yì bì yùn páo yǔ yì
子曰：“衣敝缊袍，与衣
hú hé zhě lì ér bù chǐ zhě qí yóu
狐貉者立而不耻者，其由
yě yú bú zhì bù qiú hé yòng bù zāng zǐ
也与？‘不忮不求，何用不臧？’”子
lù zhōng shēn sòng zhī zǐ yuē shì dào yě hé zú
路终身诵之。子曰：“是道也，何足
yǐ zāng
以臧？”

9.27

zǐ yuē suì hán rán hòu zhī sōng
子曰:“岁寒,然后知松
bǎi zhī hòu diāo yě
柏之后凋也。”

9.28

zǐ yuē zhì zhě bú huò rén zhě
子曰:“知者不惑,仁者
bù yōu yǒng zhě bú jù
不忧,勇者不惧。”

9.29

zǐ yuē kě yǔ gòng xué wèi kě
子曰:“可与共学,未可
yǔ shì dào kě yǔ shì dào wèi kě yǔ
与适道;可与适道,未可与
lì kě yǔ lì wèi kě yǔ quán
立;可与立,未可与权。”

9.30

táng dì zhī huā piān qí fǎn ér
“唐棣之华,偏其反而。
qǐ bù ěr sī shì shì yuǎn ér zǐ
岂不尔思?室是远而。”子
yuē wèi zhī sī yě fú hé yuǎn zhī yǒu
曰:“未之思也,夫何远之有?”

xiāng dǎng dì shí
乡党第十

10.1

kǒng zǐ yú xiāng dǎng xún xún rú
孔子于乡党，恂恂如
yě sì bù néng yán zhě
也，似不能言者。

10.2

qí zài zōng miào cháo tíng pián pián
其在宗庙朝廷，便便
yán wéi jǐn ěr
言，唯谨尔。

10.3

cháo yǔ xià dà fū yán kǎn kǎn
朝，与下大夫言，侃侃
rú yě yǔ shàng dà fū yán yín yín rú
如也；与上大夫言，訚訚如
yě jūn zài cù jí rú yě yú yú rú yě
也。君在，踧踖如也，与与如也。

10.4

jūn zhào shǐ bìn sè bó rú yě
君召使摈，色勃如也，
zú jué rú yě yī suǒ yǔ lì zuǒ yòu
足躩如也。揖所与立，左右

shǒu yī qián hòu chān rú yě qū jìn yì rú
手。衣前后，襜如也。趋进，翼如

yě bīn tuì bì fù mìng yuē bīn bú gù yǐ
也。宾退，必复命曰："宾不顾矣。"

10.5

rù gōng mén jū gōng rú yě rú
入公门，鞠躬如也，如

bù róng lì bù zhōng mén xíng bù lǚ
不容。立不中门，行不履

yù guò wèi sè bó rú yě zú jué rú yě qí
阈。过位，色勃如也，足躩如也，其

yán sì bù zú zhě shè zī shēng táng jū gōng rú
言似不足者。摄齐升堂，鞠躬如

yě bǐng qì sì bù xī zhě chū jiàng yì děng chěng
也，屏气似不息者。出，降一等，逞

yán sè yí yí rú yě mò jiē qū jìn yì rú
颜色，怡怡如也。没阶，趋进，翼如

yě fù qí wèi cù jí rú yě
也。复其位，踧踖如也。

10.6

zhí guī jū gōng rú yě rú bù
执圭，鞠躬如也，如不

shēng shàng rú yī xià rú shòu bó rú
胜。上如揖，下如授。勃如

zhàn sè zú sù sù rú yǒu xún xiǎng lǐ yǒu róng
战色，足蹜蹜，如有循。享礼，有容

sè sī dí yú yú rú yě
色。私觌，愉愉如也。

10.7

jūn zǐ bù yǐ gàn zōu shì hóng
君子不以绀緅饰。红
zǐ bù yǐ wéi xiè fú dāng shǔ zhěn chī
紫不以为亵服。当暑，袗絺
xì bì biǎo ér chū zhī zī yī gāo qiú sù yī
绤，必表而出之。缁衣羔裘，素衣
ní qiú huáng yī hú qiú xiè qiú cháng duǎn yòu
麑裘，黄衣狐裘。亵裘长，短右
mèi bì yǒu qǐn yī cháng yì shēn yǒu bàn hú hé
袂。必有寝衣，长一身有半。狐貉
zhī hòu yǐ jū qù sāng wú suǒ bú pèi fēi wéi
之厚以居。去丧，无所不佩。非帷
cháng bì shài zhī gāo qiú xuán guān bù yǐ diào jí
裳，必杀之。羔裘玄冠不以吊。吉
yuè bì cháo fú ér cháo
月，必朝服而朝。

10.8

zhāi bì yǒu míng yī bù zhāi bì
齐，必有明衣，布。齐，必
biàn shí jū bì qiān zuò
变食，居必迁坐。

10.9

sì bú yàn jīng kuài bú yàn xì
食不厌精，脍不厌细。
sì yì ér ài yú něi ér ròu bài bù
食饐而餲，鱼馁而肉败，不

shí sè è bù shí xiù è bù shí shī rèn
食。色恶，不食。臭恶，不食。失饪，
bù shí bù shí bù shí gē bú zhèng bù shí
不食。不时，不食。割不正，不食。
bù dé qí jiàng bù shí ròu suī duō bù shǐ shèng
不得其酱，不食。肉虽多，不使胜
sì qì wéi jiǔ wú liàng bù jí luàn gū jiǔ shì
食气。惟酒无量，不及乱。沽酒市
fǔ bù shí bú chè jiāng shí bù duō shí jì yú
脯不食。不撤姜食。不多食。祭于
gōng bú sù ròu jì ròu bù chū sān rì chū sān
公，不宿肉。祭肉不出三日，出三
rì bù shí zhī yǐ shí bù yǔ qǐn bù yán suī
日，不食之矣。食不语，寝不言。虽
shū sì cài gēng guā jì bì zhāi rú yě
疏食菜羹，瓜祭，必齐如也。

xí bú zhèng bú zuò
席不正，不坐。

xiāng rén yǐn jiǔ zhàng zhě chū sī
乡人饮酒，杖者出，斯
chū yǐ xiāng rén nuó cháo fú ér lì
出矣。乡人傩，朝服而立
yú zuò jiē
于阼阶。

10.12

wèn rén yú tā bāng zài bài ér sòng
问人于他邦，再拜而送
zhī kāng zǐ kuì yào bài ér shòu zhī
之。康子馈药，拜而受之。
yuē qiū wèi dá bù gǎn cháng
曰：“丘未达，不敢尝。”

10.13

jiù fén zǐ tuì cháo yuē shāng
厩焚。子退朝，曰：“伤
rén hū bú wèn mǎ
人乎？”不问马。

10.14

jūn cì shí bì zhèng xí xiān cháng
君赐食，必正席先尝
zhī jūn cì xīng bì shú ér jiàn zhī jūn
之；君赐腥，必熟而荐之；君
cì shēng bì xù zhī shì shí yú jūn jūn jì xiān
赐生，必畜之。侍食于君，君祭，先
fàn jí jūn shì zhī dōng shǒu jiā cháo fú tuō
饭。疾，君视之，东首，加朝服，拖
shēn jūn mìng zhào bú sì jià xíng yǐ
绅。君命召，不俟驾行矣。

10.15

rù tài miào měi shì wèn
入太庙，每事问。

10.16

péng yǒu sǐ wú suǒ guī yuē yú
朋友死，无所归。曰：“于

wǒ bìn péng yǒu zhī kuì suī jū mǎ
我殡。”朋友之馈，虽车马，

fēi jì ròu bú bài
非祭肉，不拜。

10.17

qǐn bù shī jū bù róng jiàn zī
寝不尸，居不容。见齐

cuī zhě suī xiá bì biàn jiàn miǎn zhě
衰者，虽狎，必变。见冕者

yǔ gǔ zhě suī xiè bì yǐ mào xiōng fú zhě shì
与瞽者，虽亵，必以貌。凶服者式

zhī shì fù bǎn zhě yǒu shèng zhuàn bì biàn sè ér
之。式负版者。有盛馔，必变色而

zuò xùn léi fēng liè bì biàn shēng jū bì zhèng
作。迅雷风烈，必变。升车，必正

lì zhí suí jū zhōng bú nèi gù bù jí yán bù
立执绥。车中，不内顾，不疾言，不

qīn zhǐ
亲指。

10.18

sè sī jǔ yǐ xiáng ér hòu jí
色斯举矣，翔而后集。

yuē shān liáng cí zhì shí zāi shí
曰：“山梁雌雉，时哉！时

zāi zǐ lù gǒng zhī sān xiù ér zuò
哉！”子路共之，三嗅而作。

xiān jìn dì shí yī

先进第十一

11.1

zǐ yuē xiān jìn yú lǐ yuè yě

子曰："先进于礼乐，野

rén yě hòu jìn yú lǐ yuè jūn zǐ

人也；后进于礼乐，君子

yě rú yòng zhī zé wú cóng xiān jìn

也。如用之，则吾从先进。"

11.2

zǐ yuē zòng wǒ yú chén cài

子曰："从我于陈、蔡

zhě jiē bù jí mén yě dé xìng yán

者，皆不及门也。"德行：颜

yuān mǐn zǐ qiān rǎn bó niú zhòng gōng yán yǔ

渊、闵子骞、冉伯牛、仲弓；言语：

zǎi wǒ zǐ gòng zhèng shì rǎn yǒu jì lù wén

宰我、子贡；政事：冉有、季路；文

xué zǐ yóu zǐ xià

学：子游、子夏。

11.3

zǐ yuē huí yě fēi zhù wǒ zhě

子曰："回也非助我者

yě yú wú yán wú suǒ bú yuè

也，于吾言无所不说。"

11.4

zǐ yuē xiào zāi mǐn zǐ qiān rén
子曰："孝哉闵子骞！人
bú jiàn yú qí fù mǔ kūn dì zhī yán
不间于其父母昆弟之言。"

11.5

nán róng sān fù bái guī kǒng zǐ yǐ
南容三复白圭，孔子以
qí xiōng zhī zǐ qì zhī
其兄之子妻之。

11.6

jì kāng zǐ wèn dì zǐ shú wéi
季康子问："弟子孰为
hào xué kǒng zǐ duì yuē yǒu yán huí
好学？"孔子对曰："有颜回
zhě hào xué bú xìng duǎn mìng sǐ yǐ jīn yě zé
者好学，不幸短命死矣！今也则
wú
亡。"

11.7

yán yuān sǐ yán lù qǐng zǐ zhī jū
颜渊死，颜路请子之车
yǐ wéi zhī guǒ zǐ yuē cái bù cái
以为之椁。子曰："才不才，
yì gè yán qí zǐ yě lǐ yě sǐ yǒu guān ér
亦各言其子也。鲤也死，有棺而

wú guǒ wú bù tú xíng yǐ wéi zhī guǒ yǐ wú

无椁。吾不徒行以为之椁。以吾

cóng dà fū zhī hòu bù kě tú xíng yě

从大夫之后，不可徒行也。”

11.8

yán yuān sǐ zǐ yuē yī tiān

颜渊死。子曰：“噫！天

sàng yú tiān sàng yú

丧予！天丧予！”

11.9

yán yuān sǐ zǐ kū zhī tòng zòng

颜渊死，子哭之恸。从

zhě yuē zǐ tòng yǐ yuē yǒu tòng

者曰：“子恸矣。”曰：“有恸

hū fēi fú rén zhī wèi tòng ér shuí wèi

乎？非夫人之为恸而谁为！”

11.10

yán yuān sǐ mén rén yù hòu zàng

颜渊死，门人欲厚葬

zhī zǐ yuē bù kě mén rén hòu zàng

之，子曰：“不可。”门人厚葬

zhī zǐ yuē huí yě shì yú yóu fù yě yú bù

之。子曰：“回也视予犹父也，予不

dé shì yóu zǐ yě fēi wǒ yě fú èr sān zǐ

得视犹子也。非我也，夫二三子

yě

也。”

11.11

季路问事鬼神。子曰："未能事人，焉能事鬼？"敢问死。曰："未知生，焉知死？"

11.12

闵子侍侧，訚訚如也；子路，行行如也；冉有、子贡，侃侃如也。子乐。"若由也，不得其死然。"

11.13

鲁人为长府。闵子骞曰："仍旧贯，如之何？何必改作？"子曰："夫人不言，言必有中。"

11.14

zǐ yuē yóu zhī sè xī wéi yú
子曰："由之瑟奚为于
qiū zhī mén mén rén bú jìng zǐ lù
丘之门？"门人不敬子路。
zǐ yuē yóu yě shēng táng yǐ wèi rù yú shì
子曰："由也升堂矣，未入于室
yě
也。"

11.15

zǐ gòng wèn shī yǔ shāng yě shú
子贡问："师与商也孰
xián zǐ yuē shī yě guò shāng yě bù
贤？"子曰："师也过，商也不
jí yuē rán zé shī yù yú zǐ yuē guò yóu
及。"曰："然则师愈与？"子曰："过犹
bù jí
不及。"

11.16

jì shì fù yú zhōu gōng ér qiú yě
季氏富于周公，而求也
wèi zhī jù liǎn ér fù yì zhī zǐ
为之聚敛而附益之。子
yuē fēi wú tú yě xiǎo zǐ míng gǔ ér gōng zhī
曰："非吾徒也。小子鸣鼓而攻之，
kě yě
可也。"

chái yě yú shēn yě lǔ shī yě
柴也愚，参也鲁，师也
pì yóu yě yàn
辟，由也喭。

11.18

zǐ yuē huí yě qí shù hū lǚ
子曰：“回也其庶乎，屡
kōng cì bú shòu mìng ér huò zhí yān
空。赐不受命而货殖焉，
yì zé lǚ zhòng
亿则屡中。”

11.19

zǐ zhāng wèn shàn rén zhī dào zǐ
子张问善人之道。子
yuē bú jiàn jì yì bú rù yú shì
曰：“不践迹，亦不入于室。”

11.20

zǐ yuē lùn dǔ shì yǔ jūn zǐ
子曰：“论笃是与，君子
zhě hū sè zhuāng zhě hū
者乎？色庄者乎？”

11.21

zǐ lù wèn wén sī xíng zhū zǐ
子路问：“闻斯行诸？”子
yuē yǒu fù xiōng zài rú zhī hé qí
曰：“有父兄在，如之何其

wén sī xíng zhī rǎn yǒu wèn wén sī xíng zhū zǐ
闻斯行之？”冉有问：“闻斯行诸？”子
yuē wén sī xíng zhī gōng xī huá yuē yóu yě
曰：“闻斯行之。”公西华曰：“由也
wèn wén sī xíng zhū zǐ yuē yǒu fù xiōng zài
问‘闻斯行诸’，子曰‘有父兄在’；
qiú yě wèn wén sī xíng zhū zǐ yuē wén sī xíng
求也问‘闻斯行诸’，子曰‘闻斯行
zhī chì yě huò gǎn wèn zǐ yuē qiú yě tuì
之’。赤也惑，敢问。”子曰：“求也退，
gù jìn zhī yóu yě jiān rén gù tuì zhī
故进之；由也兼人，故退之。”

11.22

zǐ wèi yú kuāng yán yuān hòu zǐ
子畏于匡，颜渊后。子
yuē wú yǐ rǔ wéi sǐ yǐ yuē
曰：“吾以女为死矣。”曰：
zǐ zài huí hé gǎn sǐ
“子在，回何敢死？”

11.23

jì zǐ rán wèn zhòng yóu rǎn qiú
季子然问：“仲由、冉求
kě wèi dà chén yú zǐ yuē wú yǐ
可谓大臣与？”子曰：“吾以
zǐ wéi yì zhī wèn zēng yóu yǔ qiú zhī wèn suǒ wèi
子为异之问，曾由与求之问。所谓
dà chén zhě yǐ dào shì jūn bù kě zé zhǐ jīn
大臣者：以道事君，不可则止。今

yóu yǔ qiú yě kě wèi jù chén yǐ yuē rán zé
由与求也，可谓具臣矣。”曰：“然则
cóng zhī zhě yú zǐ yuē shì fù yǔ jūn yì bù
从之者与？”子曰：“弑父与君，亦不
cóng yě
从也。”

11.24

zǐ lù shǐ zǐ gāo wéi bì zǎi
子路使子羔为费宰。
zǐ yuē zéi fú rén zhī zǐ zǐ lù
子曰：“贼夫人之子。”子路
yuē yǒu mín rén yān yǒu shè jì yān hé bì dú
曰：“有民人焉，有社稷焉。何必读
shū rán hòu wéi xué zǐ yuē shì gù wù fú nìng
书，然后为学？”子曰：“是故恶夫佞
zhě
者。”

11.25

zǐ lù zēng xī rǎn yǒu gōng xī
子路、曾皙、冉有、公西
huá shì zuò zǐ yuē yǐ wú yí rì
华侍坐。子曰：“以吾一日
zhǎng hū ěr wú wú yǐ yě jū zé yuē bù wú
长乎尔，毋吾以也。居则曰：‘不吾
zhī yě rú huò zhī ěr zé hé yǐ zāi zǐ lù
知也。’如或知尔，则何以哉？”子路
shuài ěr ér duì yuē qiān shèng zhī guó shè hū dà
率尔而对曰：“千乘之国，摄乎大

guó zhī jiān jiā zhī yǐ shī lǚ yīn zhī yǐ jī
国之间，加之以师旅，因之以饥

jǐn yóu yě wéi zhī bì jí sān nián kě shǐ yǒu
馑，由也为之，比及三年，可使有

yǒng qiě zhī fāng yě fū zǐ shěn zhī qiú ěr
勇，且知方也。”夫子哂之。“求！尔

hé rú duì yuē fāng liù qī shí rú wǔ liù
何如？”对曰：“方六七十，如五六

shí qiú yě wéi zhī bì jí sān nián kě shǐ zú
十，求也为之，比及三年，可使足

mín rú qí lǐ yuè yǐ sì jūn zǐ chì ěr
民。如其礼乐，以俟君子。”“赤！尔

hé rú duì yuē fēi yuē néng zhī yuàn xué yān
何如？”对曰：“非曰能之，愿学焉。

zōng miào zhī shì rú huì tóng duān zhāng fǔ yuàn wéi
宗庙之事，如会同，端章甫，愿为

xiǎo xiàng yān diǎn ěr hé rú gǔ sè xī kēng
小相焉。”“点！尔何如？”鼓瑟希，铿

ěr shě sè ér zuò duì yuē yì hū sān zǐ zhě
尔，舍瑟而作。对曰：“异乎三子者

zhī zhuàn zǐ yuē hé shāng hū yì gè yán qí
之撰。”子曰：“何伤乎？亦各言其

zhì yě yuē mù chūn zhě chūn fú jì chéng guàn
志也。”曰：“莫春者，春服既成。冠

zhě wǔ liù rén tóng zǐ liù qī rén yù hū yí fēng
者五六人，童子六七人，浴乎沂，风

hū wǔ yú yǒng ér guī fū zǐ kuì rán tàn yuē
乎舞雩，咏而归。”夫子喟然叹曰：

wú yǔ diǎn yě sān zǐ zhě chū zēng xī hòu
“吾与点也!”三子者出,曾皙后。
zēng xī yuē fú sān zǐ zhě zhī yán hé rú zǐ
曾皙曰:“夫三子者之言何如?”子
yuē yì gè yán qí zhì yě yǐ yǐ yuē fū zǐ
曰:“亦各言其志也已矣。”曰:“夫子
hé shěn yóu yě yuē wéi guó yǐ lǐ qí yán bú
何哂由也?”曰:“为国以礼,其言不
ràng shì gù shěn zhī wéi qiú zé fēi bāng yě
让,是故哂之。”“唯求则非邦也
yú ān jiàn fāng liù qī shí rú wǔ liù shí ér
与?”“安见方六七十,如五六十而
fēi bāng yě zhě wéi chì zé fēi bāng yě yú
非邦也者?”“唯赤则非邦也与?”
zōng miào huì tóng fēi zhū hóu ér hé chì yě wéi
“宗庙会同,非诸侯而何?赤也为
zhī xiǎo shú néng wéi zhī dà
之小,孰能为之大?”

yán yuān dì shí èr

颜渊第十二

12.1

yán yuān wèn rén zǐ yuē kè jǐ
颜渊问仁。子曰："克己
fù lǐ wéi rén yí rì kè jǐ fù
复礼为仁。一日克己复
lǐ tiān xià guī rén yān wéi rén yóu jǐ ér yóu
礼，天下归仁焉。为仁由己，而由
rén hū zāi yán yuān yuē qǐng wèn qí mù zǐ
人乎哉？"颜渊曰："请问其目。"子
yuē fēi lǐ wù shì fēi lǐ wù tīng fēi lǐ wù
曰："非礼勿视，非礼勿听，非礼勿
yán fēi lǐ wù dòng yán yuān yuē huí suī bù
言，非礼勿动。"颜渊曰："回虽不
mǐn qǐng shì sī yǔ yǐ
敏，请事斯语矣。"

12.2

zhòng gōng wèn rén zǐ yuē chū
仲弓问仁。子曰："出
mén rú jiàn dà bīn shǐ mín rú chéng dà
门如见大宾，使民如承大
jì jǐ suǒ bú yù wù shī yú rén zài bāng wú
祭。己所不欲，勿施于人。在邦无
yuàn zài jiā wú yuàn zhòng gōng yuē yōng suī bù
怨，在家无怨。"仲弓曰："雍虽不

mǐn qǐng shì sī yǔ yǐ
敏，请事斯语矣。”

12.3

sī mǎ niú wèn rén zǐ yuē rén
司马牛问仁。子曰：“仁

zhě qí yán yě rèn yuē qí yán yě
者其言也讱。”曰：“其言也

rèn sī wèi zhī rén yǐ hū zǐ yuē wéi zhī nán
讱，斯谓之仁已乎？”子曰：“为之难，

yán zhī dé wú rèn hū
言之得无讱乎？”

12.4

sī mǎ niú wèn jūn zǐ zǐ yuē
司马牛问君子。子曰：

jūn zǐ bù yōu bú jù yuē bù yōu
“君子不忧不惧。”曰：“不忧

bú jù sī wèi zhī jūn zǐ yǐ hū zǐ yuē nèi
不惧，斯谓之君子已乎？”子曰：“内

xǐng bú jiù fú hé yōu hé jù
省不疚，夫何忧何惧。”

12.5

sī mǎ niú yōu yuē rén jiē yǒu
司马牛忧曰：“人皆有

xiōng dì wǒ dú wú zǐ xià yuē shāng
兄弟，我独亡。”子夏曰：“商

wén zhī yǐ sǐ shēng yǒu mìng fù guì zài tiān jūn
闻之矣：死生有命，富贵在天。君

zǐ jìng ér wú shī yǔ rén gōng ér yǒu lǐ sì
子敬而无失，与人恭而有礼。四
hǎi zhī nèi jiē xiōng dì yě jūn zǐ hé huàn hū
海之内，皆兄弟也。君子何患乎
wú xiōng dì yě
无兄弟也？”

12.6

zǐ zhāng wèn míng zǐ yuē jìn
子张问明。子曰：“浸
rùn zhī zèn fū shòu zhī sù bù xíng yān
润之谮，肤受之愬，不行焉，
kě wèi míng yě yǐ yǐ jìn rùn zhī zèn fū shòu
可谓明也已矣。浸润之谮，肤受
zhī sù bù xíng yān kě wèi yuǎn yě yǐ yǐ
之愬，不行焉，可谓远也已矣。”

12.7

zǐ gòng wèn zhèng zǐ yuē zú
子贡问政。子曰：“足
shí zú bīng mín xìn zhī yǐ zǐ gòng
食，足兵，民信之矣。”子贡
yuē bì bù dé yǐ ér qù yú sī sān zhě hé
曰：“必不得已而去，于斯三者何
xiān yuē qù bīng zǐ gòng yuē bì bù dé yǐ
先？”曰：“去兵。”子贡曰：“必不得已
ér qù yú sī èr zhě hé xiān yuē qù shí
而去，于斯二者何先？”曰：“去食。
zì gǔ jiē yǒu sǐ mín wú xìn bú lì
自古皆有死，民无信不立。”

12.8

jí zǐ chéng yuē jūn zǐ zhì ér
棘子成曰："君子质而

yǐ yǐ hé yǐ wén wéi zǐ gòng yuē
已矣，何以文为？"子贡曰：

xī hū fū zǐ zhī shuō jūn zǐ yě sì bù jí
"惜乎！夫子之说君子也。驷不及

shé wén yóu zhì yě zhì yóu wén yě hǔ bào zhī
舌。文犹质也，质犹文也。虎豹之

kuò yóu quǎn yáng zhī kuò
鞟犹犬羊之鞟。"

12.9

āi gōng wèn yú yǒu ruò yuē nián
哀公问于有若曰："年

jī yòng bù zú rú zhī hé yǒu ruò
饥，用不足，如之何？"有若

duì yuē hé chè hū yuē èr wú yóu bù zú
对曰："盍彻乎？"曰："二，吾犹不足，

rú zhī hé qí chè yě duì yuē bǎi xìng zú jūn
如之何其彻也？"对曰："百姓足，君

shú yǔ bù zú bǎi xìng bù zú jūn shú yǔ zú
孰与不足？百姓不足，君孰与足？"

12.10

zǐ zhāng wèn chóng dé biàn huò
子张问崇德、辨惑。

zǐ yuē zhǔ zhōng xìn xǐ yì chóng dé
子曰："主忠信，徙义，崇德

也。爱之欲其生，恶之欲其死。既欲其生，又欲其死，是惑也。'诚不以富，亦祇以异。'"

12.11

齐景公问政于孔子。孔子对曰："君君，臣臣，父父，子子。"公曰："善哉！信如君不君，臣不臣，父不父，子不子，虽有粟，吾得而食诸？"

12.12

子曰："片言可以折狱者，其由也与？"子路无宿诺。

12.13

zǐ yuē tīng sòng wú yóu rén yě
子曰:"听讼,吾犹人也,
bì yě shǐ wú sòng hū
必也使无讼乎!"

12.14

zǐ zhāng wèn zhèng zǐ yuē jū
子张问政。子曰:"居
zhī wú juàn xíng zhī yǐ zhōng
之无倦,行之以忠。"

12.15

zǐ yuē bó xué yú wén yuē zhī
子曰:"博学于文,约之
yǐ lǐ yì kě yǐ fú pàn yǐ fú
以礼,亦可以弗畔矣夫!"

12.16

zǐ yuē jūn zǐ chéng rén zhī měi
子曰:"君子成人之美,
bù chéng rén zhī è xiǎo rén fǎn shì
不成人之恶。小人反是。"

12.17

jì kāng zǐ wèn zhèng yú kǒng zǐ
季康子问政于孔子。
kǒng zǐ duì yuē zhèng zhě zhèng yě zǐ
孔子对曰:"政者,正也。子
shuài yǐ zhèng shú gǎn bú zhèng
帅以正,孰敢不正?"

12.18

jì kāng zǐ huàn dào wèn yú kǒng
季康子患盗，问于孔
zǐ kǒng zǐ duì yuē gǒu zǐ zhī bú
子。孔子对曰："苟子之不
yù suī shǎng zhī bú qiè
欲，虽赏之不窃。"

12.19

jì kāng zǐ wèn zhèng yú kǒng zǐ
季康子问政于孔子
yuē rú shā wú dào yǐ jiù yǒu dào
曰："如杀无道，以就有道，
hé rú kǒng zǐ duì yuē zǐ wéi zhèng yān yòng
何如？"孔子对曰："子为政，焉用
shā zǐ yù shàn ér mín shàn yǐ jūn zǐ zhī dé
杀？子欲善，而民善矣。君子之德
fēng xiǎo rén zhī dé cǎo cǎo shàng zhī fēng bì
风，小人之德草。草上之风，必
yǎn
偃。"

12.20

zǐ zhāng wèn shì hé rú sī kě
子张问："士何如斯可
wèi zhī dá yǐ zǐ yuē hé zāi ěr
谓之达矣？"子曰："何哉，尔
suǒ wèi dá zhě zǐ zhāng duì yuē zài bāng bì
所谓达者？"子张对曰："在邦必
wén zài jiā bì wén zǐ yuē shì wén yě fēi dá
闻，在家必闻。"子曰："是闻也，非达

yě fú dá yě zhě zhì zhí ér hào yì chá yán
也。夫达也者，质直而好义，察言

ér guān sè lǜ yǐ xià rén zài bāng bì dá zài
而观色，虑以下人。在邦必达，在

jiā bì dá fú wén yě zhě sè qǔ rén ér xíng
家必达。夫闻也者，色取仁而行

wéi jū zhī bù yí zài bāng bì wén zài jiā bì
违，居之不疑。在邦必闻，在家必

wén
闻。”

12.21

fán chí cóng yóu yú wǔ yú zhī
樊迟从游于舞雩之

xià yuē gǎn wèn chóng dé xiū tè
下，曰：“敢问崇德、修慝、

biàn huò zǐ yuē shàn zāi wèn xiān shì hòu dé
辨惑？”子曰：“善哉问！先事后得，

fēi chóng dé yú gōng qí è wú gōng rén zhī è
非崇德与？攻其恶，无攻人之恶，

fēi xiū tè yú yì zhāo zhī fèn wàng qí shēn yǐ
非修慝与？一朝之忿，忘其身，以

jí qí qīn fēi huò yú
及其亲，非惑与？”

12.22

fán chí wèn rén zǐ yuē ài
樊迟问仁。子曰：“爱

rén wèn zhì zǐ yuē zhī rén fán
人。”问知。子曰：“知人。”樊

chí wèi dá zǐ yuē jǔ zhí cuò zhū wǎng néng shǐ
迟未达。子曰："举直错诸枉，能使
wǎng zhě zhí fán chí tuì jiàn zǐ xià yuē xiàng
枉者直。"樊迟退，见子夏，曰："乡
yě wú jiàn yú fū zǐ ér wèn zhì zǐ yuē jǔ zhí
也吾见于夫子而问知，子曰'举直
cuò zhū wǎng néng shǐ wǎng zhě zhí hé wèi yě zǐ
错诸枉，能使枉者直'，何谓也？"子
xià yuē fù zāi yán hū shùn yǒu tiān xià xuǎn yú
夏曰："富哉言乎！舜有天下，选于
zhòng jǔ gāo yáo bù rén zhě yuǎn yǐ tāng yǒu tiān
众，举皋陶，不仁者远矣。汤有天
xià xuǎn yú zhòng jǔ yī yǐn bù rén zhě yuǎn
下，选于众，举伊尹，不仁者远
yǐ
矣。"

12.23

zǐ gòng wèn yǒu zǐ yuē zhōng
子贡问友。子曰："忠
gù ér shàn dào zhī bù kě zé zhǐ wú
告而善道之，不可则止，无
zì rǔ yān
自辱焉。"

12.24

zēng zǐ yuē jūn zǐ yǐ wén huì
曾子曰："君子以文会
yǒu yǐ yǒu fǔ rén
友，以友辅仁。"

zǐ lù dì shí sān
子路第十三

13.1

zǐ lù wèn zhèng zǐ yuē xiān
子路问政。子曰：“先

zhī láo zhī qǐng yì yuē wú juàn
之，劳之。”请益。曰：“无倦。”

13.2

zhòng gōng wéi jì shì zǎi wèn zhèng
仲弓为季氏宰，问政。

zǐ yuē xiān yǒu sī shè xiǎo guò jǔ
子曰：“先有司，赦小过，举

xián cái yuē yān zhī xián cái ér jǔ zhī yue
贤才。”曰：“焉知贤才而举之？”曰：

jǔ ěr suǒ zhī ěr suǒ bù zhī rén qí shě
“举尔所知。尔所不知，人其舍

zhū
诸？”

13.3

zǐ lù yuē wèi jūn dài zǐ ér
子路曰：“卫君待子而

wéi zhèng zǐ jiāng xī xiān zǐ yuē bì
为政，子将奚先？”子曰：“必

yě zhèng míng hū zǐ lù yuē yǒu shì zāi zǐ
也正名乎！”子路曰：“有是哉，子

zhī yū yě xī qí zhèng zǐ yuē yě zāi yóu
之过也！奚其正？”子曰：“野哉由

yě jūn zǐ yú qí suǒ bù zhī gài quē rú yě
也！君子于其所不知，盖阙如也。

míng bú zhèng zé yán bú shùn yán bú shùn zé shì
名不正，则言不顺；言不顺，则事

bù chéng shì bù chéng zé lǐ yuè bù xīng lǐ yuè
不成；事不成，则礼乐不兴；礼乐

bù xīng zé xíng fá bú zhòng xíng fá bú zhòng zé
不兴，则刑罚不中；刑罚不中，则

mín wú suǒ cuò shǒu zú gù jūn zǐ míng zhī bì kě
民无所措手足。故君子名之必可

yán yě yán zhī bì kě xíng yě jūn zǐ yú qí
言也，言之必可行也。君子于其

yán wú suǒ gǒu ér yǐ yǐ
言，无所苟而已矣。”

13.4

fán chí qǐng xué jià zǐ yuē wú
樊迟请学稼，子曰：“吾

bù rú lǎo nóng qǐng xué wéi pǔ yuē
不如老农。”请学为圃。曰：

wú bù rú lǎo pǔ fán chí chū zǐ yuē xiǎo
“吾不如老圃。”樊迟出。子曰：“小

rén zāi fán xū yě shàng hào lǐ zé mín mò gǎn
人哉，樊须也！上好礼，则民莫敢

bú jìng shàng hào yì zé mín mò gǎn bù fú shàng
不敬；上好义，则民莫敢不服；上

hào xìn zé mín mò gǎn bú yòng qíng fú rú shì
好信，则民莫敢不用情。夫如是，
zé sì fāng zhī mín qiǎng fù qí zǐ ér zhì yǐ yān
则四方之民襁负其子而至矣，焉
yòng jià
用稼？”

13.5

zǐ yuē sòng shī sān bǎi shòu zhī
子曰：“诵《诗》三百，授之
yǐ zhèng bù dá shǐ yú sì fāng bù
以政，不达；使于四方，不
néng zhuān duì suī duō yì xī yǐ wéi
能专对；虽多，亦奚以为？”

13.6

zǐ yuē qí shēn zhèng bú lìng ér
子曰：“其身正，不令而
xíng qí shēn bú zhèng suī lìng bù cóng
行；其身不正，虽令不从。”

13.7

zǐ yuē lǔ wèi zhī zhèng xiōng dì
子曰：“鲁、卫之政，兄弟
yě
也。”

13.8

zǐ wèi wèi gōng zǐ jīng shàn jū
子谓卫公子荆，“善居

室。始有，曰：'苟合矣。'少有，曰：'苟完矣。'富有，曰：'苟美矣。'"

13.9 子适卫，冉有仆。子曰："庶矣哉！"冉有曰："既庶矣，又何加焉？"曰："富之。"曰："既富矣，又何加焉？"曰："教之。"

13.10 子曰："苟有用我者，期月而已可也，三年有成。"

13.11 子曰："善人为邦百年，亦可以胜残去杀矣。诚哉是言也！"

zǐ yuē rú yǒu wáng zhě bì shì
子曰：“如有王者，必世
ér hòu rén
而后仁。”

13.13

zǐ yuē gǒu zhèng qí shēn yǐ yú
子曰：“苟正其身矣，于
cóng zhèng hū hé yǒu bù néng zhèng qí
从政乎何有？不能正其
shēn rú zhèng rén hé
身，如正人何？”

13.14

rǎn zǐ tuì cháo zǐ yuē hé yàn
冉子退朝。子曰：“何晏
yě duì yuē yǒu zhèng zǐ yuē qí
也？”对曰：“有政。”子曰：“其
shì yě rú yǒu zhèng suī bù wú yǐ wú qí yù
事也。如有政，虽不吾以，吾其与
wén zhī
闻之。”

13.15

dìng gōng wèn yì yán ér kě yǐ
定公问：“一言而可以
xīng bāng yǒu zhū kǒng zǐ duì yuē yán
兴邦，有诸？”孔子对曰：“言
bù kě yǐ ruò shì qí jī yě rén zhī yán yuē
不可以若是其几也。人之言曰：

wéi jūn nán wéi chén bú yì rú zhī wéi jūn zhī
‘为君难，为臣不易。’如知为君之

nán yě bù jī hū yì yán ér xīng bāng hū yuē
难也，不几乎一言而兴邦乎？”曰：

yì yán ér sàng bāng yǒu zhū kǒng zǐ duì yuē
“一言而丧邦，有诸？”孔子对曰：

yán bù kě yǐ ruò shì qí jī yě rén zhī yán
“言不可以若是其几也。人之言

yuē yú wú lè hū wéi jūn wéi qí yán ér mò
曰：‘予无乐乎为君，唯其言而莫

yú wéi yě rú qí shàn ér mò zhī wéi yě bú
予违也。’如其善而莫之违也，不

yì shàn hū rú bú shàn ér mò zhī wéi yě bù
亦善乎？如不善而莫之违也，不

jī hū yì yán ér sàng bāng hū
几乎一言而丧邦乎？”

13.16

shè gōng wèn zhèng zǐ yuē jìn
叶公问政。子曰：“近

zhě yuè yuǎn zhě lái
者说，远者来。”

13.17

zǐ xià wéi jǔ fù zǎi wèn zhèng
子夏为莒父宰，问政。

zǐ yuē wú yù sù wú jiàn xiǎo lì
子曰：“无欲速，无见小利。

yù sù zé bù dá jiàn xiǎo lì zé dà shì bù
欲速，则不达；见小利，则大事不
chéng
成。”

13.18

shè gōng yù kǒng zǐ yuē wú dǎng
叶公语孔子曰：“吾党
yǒu zhí gōng zhě qí fù rǎng yáng ér zǐ
有直躬者，其父攘羊，而子
zhèng zhī kǒng zǐ yuē wú dǎng zhī zhí zhě yì yú
证之。”孔子曰：“吾党之直者异于
shì fù wèi zǐ yǐn zǐ wèi fù yǐn zhí zài qí
是。父为子隐，子为父隐，直在其
zhōng yǐ
中矣。”

13.19

fán chí wèn rén zǐ yuē jū chǔ
樊迟问仁。子曰：“居处
gōng zhí shì jìng yǔ rén zhōng suī zhī
恭，执事敬，与人忠。虽之
yí dí bù kě qì yě
夷狄，不可弃也。”

13.20

zǐ gòng wèn yuē hé rú sī kě
子贡问曰：“何如斯可
wèi zhī shì yǐ zǐ yuē xíng jǐ yǒu
谓之士矣？”子曰：“行己有

chǐ shǐ yú sì fāng bù rǔ jūn mìng kě wèi shì
耻，使于四方，不辱君命，可谓士
yǐ yuē gǎn wèn qí cì yuē zōng zú chēng
矣。”曰：“敢问其次。”曰：“宗族称
xiào yān xiāng dǎng chēng tì yān yuē gǎn wèn qí
孝焉，乡党称弟焉。”曰：“敢问其
cì yuē yán bì xìn xíng bì guǒ kēng kēng rán xiǎo
次。”曰：“言必信，行必果，硁硁然小
rén zāi yì yì kě yǐ wéi cì yǐ yuē jīn
人哉！抑亦可以为次矣。”曰：“今
zhī cóng zhèng zhě hé rú zǐ yuē yī dǒu shāo
之从政者何如？”子曰：“噫！斗筲
zhī rén hé zú suàn yě
之人，何足算也？”

13.21

zǐ yuē bù dé zhōng xíng ér yǔ
子曰：“不得中行而与
zhī bì yě kuáng juàn hū kuáng zhě jìn
之，必也狂狷乎！狂者进
qǔ juàn zhě yǒu suǒ bù wéi yě
取，狷者有所不为也。”

13.22

zǐ yuē nán rén yǒu yán yuē rén
子曰：“南人有言曰：‘人
ér wú héng bù kě yǐ zuò wū yī shàn
而无恒，不可以作巫医。’善

fú bù héng qí dé huò chéng zhī xiū zǐ yuē
夫！”“不恒其德，或承之羞。”子曰：
bù zhān ér yǐ yǐ
“不占而已矣。”

13.23

zǐ yuē jūn zǐ hé ér bù tóng
子曰：“君子和而不同，
xiǎo rén tóng ér bù hé
小人同而不和。”

13.24

zǐ gòng wèn yuē xiāng rén jiē hào
子贡问曰：“乡人皆好
zhī hé rú zǐ yuē wèi kě yě
之，何如？”子曰：“未可也。”
xiāng rén jiē wù zhī hé rú zǐ yuē wèi kě
“乡人皆恶之，何如？”子曰：“未可
yě bù rú xiāng rén zhī shàn zhě hào zhī qí bú
也。不如乡人之善者好之，其不
shàn zhě wù zhī
善者恶之。”

13.25

zǐ yuē jūn zǐ yì shì ér nán
子曰：“君子易事而难
yuè yě yuè zhī bù yǐ dào bú yuè yě
说也：说之不以道，不说也；
jí qí shǐ rén yě qì zhī xiǎo rén nán shì ér yì
及其使人也，器之。小人难事而易

yuè yě yuè zhī suī bù yǐ dào yuè yě jí qí
说也：说之虽不以道，说也；及其
shǐ rén yě qiú bèi yān
使人也，求备焉。”

13.26

zǐ yuē jūn zǐ tài ér bù jiāo
子曰：“君子泰而不骄，
xiǎo rén jiāo ér bú tài
小人骄而不泰。”

13.27

zǐ yuē gāng yì mù nè jìn
子曰：“刚毅、木讷，近
rén
仁。”

13.28

zǐ lù wèn yuē hé rú sī kě
子路问曰：“何如斯可
wèi zhī shì yǐ zǐ yuē qiè qiè sī
谓之士矣？”子曰：“切切偲
sī yí yí rú yě kě wèi shì yǐ péng yǒu qiè
偲，怡怡如也，可谓士矣。朋友切
qiè sī sī xiōng dì yí yí
切偲偲，兄弟怡怡。”

13.29

zǐ yuē shàn rén jiào mín qī nián
子曰：“善人教民七年，

yì kě yǐ jí róng yǐ
亦可以即戎矣。”

13.30

zǐ yuē yǐ bú jiào mín zhàn shì
子曰：“以不教民战，是

wèi qì zhī
谓弃之。”

xiàn wèn dì shí sì

宪问第十四

14.1

xiàn wèn chǐ zǐ yuē bāng yǒu dào gǔ bāng wú dào gǔ chǐ yě

宪问耻。子曰："邦有道，谷；邦无道，谷，耻也。"

14.2

kè fá yuàn yù bù xíng yān kě yǐ wéi rén yǐ zǐ yuē kě yǐ wéi nán yǐ rén zé wú bù zhī yě

"克、伐、怨、欲不行焉，可以为仁矣？"子曰："可以为难矣，仁则吾不知也。"

14.3

zǐ yuē shì ér huái jū bù zú yǐ wéi shì yǐ

子曰："士而怀居，不足以为士矣。"

14.4

zǐ yuē bāng yǒu dào wēi yán wēi xíng bāng wú dào wēi xíng yán xùn

子曰："邦有道，危言危行；邦无道，危行言孙。"

14.5

zǐ yuē yǒu dé zhě bì yǒu yán
子曰："有德者必有言，
yǒu yán zhě bú bì yǒu dé rén zhě bì
有言者不必有德。仁者必
yǒu yǒng yǒng zhě bú bì yǒu rén
有勇，勇者不必有仁。"

14.6

nán gōng kuò wèn yú kǒng zǐ yuē
南宫适问于孔子曰：
yì shàn shè ào dàng zhōu jù bù dé
"羿善射，奡荡舟，俱不得
qí sǐ rán yǔ jì gōng jià ér yǒu tiān xià fū
其死然；禹稷躬稼而有天下。"夫
zǐ bù dá nán gōng kuò chū zǐ yuē jūn zǐ zāi
子不答，南宫适出。子曰："君子哉
ruò rén shàng dé zāi ruò rén
若人！尚德哉若人！"

14.7

zǐ yuē jūn zǐ ér bù rén zhě
子曰："君子而不仁者
yǒu yǐ fú wèi yǒu xiǎo rén ér rén zhě
有矣夫，未有小人而仁者
yě
也。"

14.8

子曰："爱之，能勿劳乎？忠焉，能勿诲乎？"

14.9

子曰："为命，裨谌草创之，世叔讨论之，行人子羽修饰之，东里子产润色之。"

14.10

或问子产。子曰："惠人也。"问子西。曰："彼哉！彼哉！"问管仲。曰："人也。夺伯氏骈邑三百，饭疏食，没齿无怨言。"

14.11

子曰："贫而无怨难，富而无骄易。"

14.12

zǐ yuē mèng gōng chuò wéi zhào wèi
子曰："孟公绰为赵、魏

lǎo zé yōu bù kě yǐ wéi téng xuē dà
老则优，不可以为滕、薛大

fū
夫。"

14.13

zǐ lù wèn chéng rén zǐ yuē ruò
子路问成人。子曰："若

zāng wǔ zhòng zhī zhì gōng chuò zhī bú
臧武仲之知，公绰之不

yù biàn zhuāng zǐ zhī yǒng rǎn qiú zhī yì wén zhī
欲，卞庄子之勇，冉求之艺，文之

yǐ lǐ yuè yì kě yǐ wéi chéng rén yǐ yuē jīn
以礼乐，亦可以为成人矣。"曰："今

zhī chéng rén zhě hé bì rán jiàn lì sī yì jiàn
之成人者何必然？见利思义，见

wēi shòu mìng jiǔ yāo bú wàng píng shēng zhī yán yì
危授命，久要不忘平生之言，亦

kě yǐ wéi chéng rén yǐ
可以为成人矣。"

14.14

zǐ wèn gōng shū wén zǐ yú gōng míng
子问公叔文子于公明

jiǎ yuē xìn hū fū zǐ bù yán bú
贾曰："信乎？夫子不言、不

xiào bù qǔ hū gōng míng jiǎ duì yuē yǐ gào zhě
笑、不取乎？”公明贾对曰：“以告者
guò yě fū zǐ shí rán hòu yán rén bú yàn qí
过也。夫子时然后言，人不厌其
yán lè rán hòu xiào rén bú yàn qí xiào yì rán hòu
言；乐然后笑，人不厌其笑；义然后
qǔ rén bú yàn qí qǔ zǐ yuē qí rán qǐ qí
取，人不厌其取。”子曰：“其然，岂其
rán hū
然乎？”

14.15

zǐ yuē zāng wǔ zhòng yǐ fáng qiú
子曰：“臧武仲以防求
wéi hòu yú lǔ suī yuē bù yāo jūn wú
为后于鲁，虽曰不要君，吾
bú xìn yě
不信也。”

14.16

zǐ yuē jìn wén gōng jué ér bú
子曰：“晋文公谲而不
zhèng qí huán gōng zhèng ér bù jué
正，齐桓公正而不谲。”

14.17

zǐ lù yuē huán gōng shā gōng zǐ
子路曰：“桓公杀公子
jiū shào hū sǐ zhī guǎn zhòng bù sǐ
纠，召忽死之，管仲不死。”

yuē wèi rén hū zǐ yuē huán gōng jiǔ hé zhū
曰：“未仁乎？”子曰：“桓公九合诸
hóu bù yǐ bīng jū guǎn zhòng zhī lì yě rú qí
侯，不以兵车，管仲之力也。如其
rén rú qí rén
仁！如其仁！”

14.18

zǐ gòng yuē guǎn zhòng fēi rén zhě
子贡曰：“管仲非仁者
yú huán gōng shā gōng zǐ jiū bù néng
与？桓公杀公子纠，不能
sǐ yòu xiàng zhī zǐ yuē guǎn zhòng xiàng huán gōng
死，又相之。”子曰：“管仲相桓公，
bà zhū hóu yì kuāng tiān xià mín dào yú jīn shòu qí
霸诸侯，一匡天下，民到于今受其
cì wēi guǎn zhòng wú qí pī fà zuǒ rèn yǐ qǐ
赐。微管仲，吾其被发左衽矣。岂
ruò pǐ fū pǐ fù zhī wéi liàng yě zì jīng yú gōu
若匹夫匹妇之为谅也，自经于沟
dú ér mò zhī zhī yě
渎而莫之知也。”

14.19

gōng shū wén zǐ zhī chén dà fū
公叔文子之臣大夫
zhuàn yǔ wén zǐ tóng shēng zhū gōng zǐ
僎，与文子同升诸公。子

wén zhī yuē kě yǐ wéi wén yǐ
闻之曰："可以为文矣。"

14.20

zǐ yán wèi líng gōng zhī wú dào
子言卫灵公之无道

yě kāng zǐ yuē fú rú shì xī ér
也。康子曰："夫如是，奚而

bú sàng kǒng zǐ yuē zhòng shū yǔ zhì bīn kè
不丧？"孔子曰："仲叔圉治宾客，

zhù tuó zhì zōng miào wáng sūn jiǎ zhì jūn lǚ fú
祝鮀治宗庙，王孙贾治军旅。夫

rú shì xī qí sàng
如是，奚其丧？"

14.21

zǐ yuē qí yán zhī bú zuò zé
子曰："其言之不怍，则

wéi zhī yě nán
为之也难。"

14.22

chén chéng zǐ shì jiǎn gōng kǒng zǐ
陈成子弑简公。孔子

mù yù ér cháo gào yú āi gōng yuē
沐浴而朝，告于哀公曰：

chén héng shì qí jūn qǐng tǎo zhī gōng yuē gào
"陈恒弑其君，请讨之。"公曰："告

fú sān zǐ kǒng zǐ yuē yǐ wú cóng dà fū zhī
夫三子！"孔子曰："以吾从大夫之

hòu bù gǎn bú gào yě jūn yuē gào fú sān zǐ
后，不敢不告也。君曰‘告夫三子’

zhě zhī sān zǐ gào bù kě kǒng zǐ yuē yǐ
者。”之三子告，不可。孔子曰：“以

wú cóng dà fū zhī hòu bù gǎn bú gào yě
吾从大夫之后，不敢不告也。”

14.23

zǐ lù wèn shì jūn zǐ yuē wù
子路问事君。子曰：“勿

qī yě ér fàn zhī
欺也，而犯之。”

14.24

zǐ yuē jūn zǐ shàng dá xiǎo rén
子曰：“君子上达，小人

xià dá
下达。”

14.25

zǐ yuē gǔ zhī xué zhě wèi jǐ
子曰：“古之学者为己，

jīn zhī xué zhě wèi rén
今之学者为人。”

14.26

qú bó yù shǐ rén yú kǒng zǐ
蘧伯玉使人于孔子。

kǒng zǐ yǔ zhī zuò ér wèn yān yuē fū
孔子与之坐而问焉，曰：“夫

zǐ hé wéi duì yuē fū zǐ yù guǎ qí guò ér
子何为？”对曰：“夫子欲寡其过而
wèi néng yě shǐ zhě chū zǐ yuē shǐ hū shǐ
未能也。”使者出。子曰：“使乎！使
hū
乎！”

14.27

zǐ yuē bú zài qí wèi bù móu
子曰：“不在其位，不谋
qí zhèng
其政。”

14.28

zēng zǐ yuē jūn zǐ sī bù chū
曾子曰：“君子思不出
qí wèi
其位。”

14.29

zǐ yuē jūn zǐ chǐ qí yán ér
子曰：“君子耻其言而
guò qí xíng
过其行。”

14.30

zǐ yuē jūn zǐ dào zhě sān wǒ
子曰：“君子道者三，我
wú néng yān rén zhě bù yōu zhì zhě bú
无能焉：仁者不忧，知者不

huò yǒng zhě bú jù zǐ gòng yuē fū zǐ zì dào
惑，勇者不惧。”子贡曰：“夫子自道
yě
也。”

14.31 zǐ gòng fāng rén zǐ yuē cì yě
子贡方人。子曰：“赐也
xián hū zāi fú wǒ zé bù xiá
贤乎哉？夫我则不暇。”

14.32 zǐ yuē bú huàn rén zhī bù jǐ
子曰：“不患人之不己
zhī huàn qí bù néng yě
知，患其不能也。”

14.33 zǐ yuē bú nì zhà bú yì bú
子曰：“不逆诈，不亿不
xìn yì yì xiān jué zhě shì xián hū
信，抑亦先觉者，是贤乎！”

14.34 wēi shēng mǔ wèi kǒng zǐ yuē qiū
微生亩谓孔子曰：“丘
hé wéi shì xī xī zhě yú wú nǎi wéi
何为是栖栖者与？无乃为
nìng hū kǒng zǐ yuē fēi gǎn wéi nìng yě jí gù
佞乎？”孔子曰：“非敢为佞也，疾固

yě
也。”

14.35

zǐ yuē jì bù chēng qí lì chēng
子曰：“骥不称其力，称
qí dé yě
其德也。”

14.36

huò yuē yǐ dé bào yuàn hé
或曰：“以德报怨，何
rú zǐ yuē hé yǐ bào dé yǐ zhí
如？”子曰：“何以报德？以直
bào yuàn yǐ dé bào dé
报怨，以德报德。”

14.37

zǐ yuē mò wǒ zhī yě fú zǐ
子曰：“莫我知也夫！”子
gòng yuē hé wéi qí mò zhī zǐ yě
贡曰：“何为其莫知子也？”
zǐ yuē bú yuàn tiān bù yóu rén xià xué ér shàng
子曰：“不怨天，不尤人。下学而上
dá zhī wǒ zhě qí tiān hū
达。知我者其天乎！”

14.38

gōng bó liáo sù zǐ lù yú jì
公伯寮愬子路于季

sūn zǐ fú jǐng bó yǐ gào yuē fū zǐ gù yǒu
孙。子服景伯以告，曰："夫子固有
huò zhì yú gōng bó liáo wú lì yóu néng sì zhū shì
惑志于公伯寮，吾力犹能肆诸市
cháo zǐ yuē dào zhī jiāng xíng yě yú mìng yě
朝。"子曰："道之将行也与，命也。
dào zhī jiāng fèi yě yú mìng yě gōng bó liáo qí
道之将废也与？命也。公伯寮其
rú mìng hé
如命何？"

14.39

zǐ yuē xián zhě bì shì qí cì
子曰："贤者辟世，其次
bì dì qí cì bì sè qí cì bì
辟地，其次辟色，其次辟
yán
言。"

14.40

zǐ yuē zuò zhě qī rén yǐ
子曰："作者七人矣。"

14.41

zǐ lù sù yú shí mén chén mén
子路宿于石门。晨门
yuē xī zì zǐ lù yuē zì kǒng
曰："奚自？"子路曰："自孔
shì yuē shì zhī qí bù kě ér wéi zhī zhě
氏。"曰："是知其不可而为之者

yú
与？”

14.42

zǐ jī qìng yú wèi yǒu hè kuì
子击磬于卫。有荷蒉
ér guò kǒng shì zhī mén zhě yuē yǒu xīn
而过孔氏之门者，曰：“有心
zāi jī qìng hū jì ér yuē bǐ zāi kēng kēng
哉，击磬乎！”既而曰：“鄙哉！硁硁
hū mò jǐ zhī yě sī jǐ ér yǐ yǐ shēn zé
乎！莫己知也，斯己而已矣。深则
lì qiǎn zé qì zǐ yuē guǒ zāi mò zhī nán
厉，浅则揭。”子曰：“果哉！末之难
yǐ
矣。”

14.43

zǐ zhāng yuē shū yún gāo zōng
子张曰：“《书》云：‘高宗
liáng ān sān nián bù yán hé wèi yě
谅阴，三年不言。’何谓也？”
zǐ yuē hé bì gāo zōng gǔ zhī rén jiē rán jūn
子曰：“何必高宗，古之人皆然。君
hōng bǎi guān zǒng jǐ yǐ tīng yú zhǒng zǎi sān nián
薨，百官总己以听于冢宰三年。”

14.44

zǐ yuē shàng hào lǐ zé mín yì
子曰："上好礼，则民易
shǐ yě
使也。"

14.45

zǐ lù wèn jūn zǐ zǐ yuē xiū
子路问君子。子曰："修
jǐ yǐ jìng yuē rú sī ér yǐ
己以敬。"曰："如斯而已
hū yuē xiū jǐ yǐ ān rén yuē rú sī ér
乎？"曰："修己以安人。"曰："如斯而
yǐ hū yuē xiū jǐ yǐ ān bǎi xìng xiū jǐ yǐ
已乎？"曰："修己以安百姓。修己以
ān bǎi xìng yáo shùn qí yóu bìng zhū
安百姓，尧舜其犹病诸！"

14.46

yuán rǎng yí sì zǐ yuē yòu ér
原壤夷俟。子曰："幼而
bù xùn tì zhǎng ér wú shù yān lǎo ér
不孙弟，长而无述焉，老而
bù sǐ shì wéi zéi yǐ zhàng kòu qí jìng
不死，是为贼！"以杖叩其胫。

14.47

quē dǎng tóng zǐ jiāng mìng huò wèn
阙党童子将命。或问
zhī yuē yì zhě yú zǐ yuē wú
之曰："益者与？"子曰："吾

jiàn qí jū yú wèi yě jiàn qí yǔ xiān shēng bìng xíng
见其居于位也，见其与先生并行

yě fēi qiú yì zhě yě yù sù chéng zhě yě
也。非求益者也，欲速成者也。”

wèi líng gōng dì shí wǔ
卫灵公第十五

15.1 wèi líng gōng wèn zhèn yú kǒng zǐ
卫灵公问陈于孔子。kǒng zǐ duì yuē zǔ dòu zhī shì zé
孔子对曰："俎豆之事，则cháng wén zhī yǐ jūn lǚ zhī shì wèi zhī xué yě
尝闻之矣；军旅之事，未之学也。"míng rì suì xíng zài chén jué liáng zòng zhě bìng mò
明日遂行。在陈绝粮，从者病，莫néng xīng zǐ lù yùn xiàn yuē jūn zǐ yì yǒu qióng
能兴。子路愠见曰："君子亦有穷hū zǐ yuē jūn zǐ gù qióng xiǎo rén qióng sī
乎？"子曰："君子固穷，小人穷斯làn yǐ
滥矣。"

15.2 zǐ yuē cì yě rǔ yǐ yú wéi
子曰："赐也，女以予为duō xué ér zhì zhī zhě yú duì yuē
多学而识之者与？"对曰：rán fēi yú yuē fēi yě yú yī yǐ guàn zhī
"然，非与？"曰："非也，予一以贯之。"

15.3

zǐ yuē yóu zhī dé zhě xiǎn
子曰：“由！知德者鲜
yǐ
矣。”

15.4

zǐ yuē wú wéi ér zhì zhě qí
子曰：“无为而治者，其
shùn yě yú fú hé wéi zāi gōng jǐ
舜也与？夫何为哉，恭己
zhèng nán miàn ér yǐ yǐ
正南面而已矣。”

15.5

zǐ zhāng wèn xíng zǐ yuē yán
子张问行。子曰：“言
zhōng xìn xíng dǔ jìng suī mán mò zhī bāng
忠信，行笃敬，虽蛮貊之邦
xíng yǐ yán bù zhōng xìn xíng bù dǔ jìng suī zhōu
行矣；言不忠信，行不笃敬，虽州
lǐ xíng hū zāi lì zé jiàn qí cān yú qián yě
里行乎哉？立，则见其参于前也；
zài yú zé jiàn qí yǐ yú héng yě fú rán hòu
在舆，则见其倚于衡也。夫然后
xíng zǐ zhāng shū zhū shēn
行。”子张书诸绅。

15.6

zǐ yuē zhí zāi shǐ yú bāng yǒu
子曰："直哉史鱼！邦有
dào rú shǐ bāng wú dào rú shǐ jūn
道，如矢；邦无道，如矢。君
zǐ zāi qú bó yù bāng yǒu dào zé shì bāng wú
子哉蘧伯玉！邦有道，则仕；邦无
dào zé kě juǎn ér huái zhī
道，则可卷而怀之。"

15.7

zǐ yuē kě yǔ yán ér bù yǔ
子曰："可与言而不与
zhī yán shī rén bù kě yǔ yán ér yǔ
之言，失人；不可与言而与
zhī yán shī yán zhì zhě bù shī rén yì bù shī
之言，失言。知者不失人，亦不失
yán
言。"

15.8

zǐ yuē zhì shì rén rén wú qiú
子曰："志士仁人，无求
shēng yǐ hài rén yǒu shā shēn yǐ chéng
生以害仁，有杀身以成
rén
仁。"

15.9

zǐ gòng wèn wéi rén zǐ yuē gōng
子贡问为仁。子曰："工

yù shàn qí shì bì xiān lì qí qì jū
欲善其事，必先利其器。居

shì bāng yě shì qí dà fū zhī xián zhě yǒu qí shì
是邦也，事其大夫之贤者，友其士

zhī rén zhě
之仁者。"

15.10

yán yuān wèn wéi bāng zǐ yuē xíng
颜渊问为邦。子曰："行

xià zhī shí chéng yīn zhī lù fú zhōu zhī
夏之时，乘殷之辂，服周之

miǎn yuè zé sháo wǔ fàng zhèng shēng yuàn nìng rén
冕，乐则韶舞。放郑声，远佞人。

zhèng shēng yín nìng rén dài
郑声淫，佞人殆。"

15.11

zǐ yuē rén wú yuǎn lǜ bì yǒu
子曰："人无远虑，必有

jìn yōu
近忧。"

15.12

zǐ yuē yǐ yǐ hū wú wèi jiàn
子曰："已矣乎！吾未见

hào dé rú hào sè zhě yě
好德如好色者也。"

zǐ yuē zāng wén zhòng qí qiè wèi
子曰：“臧文仲其窃位
zhě yú zhī liǔ xià huì zhī xián ér bù
者与？知柳下惠之贤，而不
yǔ lì yě
与立也。”

zǐ yuē gōng zì hòu ér bó zé
子曰：“躬自厚而薄责
yú rén zé yuàn yuàn yǐ
于人，则远怨矣。”

zǐ yuē bù yuē rú zhī hé
子曰：“不曰‘如之何
rú zhī hé zhě wú mò rú zhī hé yě
如之何’者，吾末如之何也
yǐ yǐ
已矣。”

zǐ yuē qún jū zhōng rì yán bù
子曰：“群居终日，言不
jí yì hào xíng xiǎo huì nán yǐ zāi
及义，好行小慧，难矣哉！”

15.17

zǐ yuē jūn zǐ yì yǐ wéi zhì lǐ yǐ xíng zhī xùn yǐ chū zhī xìn yǐ chéng zhī jūn zǐ zāi

子曰："君子义以为质，礼以行之，孙以出之，信以成之。君子哉！"

15.18

zǐ yuē jūn zǐ bìng wú néng yān bú bìng rén zhī bù jǐ zhī yě

子曰："君子病无能焉，不病人之不己知也。"

15.19

zǐ yuē jūn zǐ jí mò shì ér míng bù chēng yān

子曰："君子疾没世而名不称焉。"

15.20

zǐ yuē jūn zǐ qiú zhū jǐ xiǎo rén qiú zhū rén

子曰："君子求诸己，小人求诸人。"

15.21

zǐ yuē jūn zǐ jīn ér bù zhēng qún ér bù dǎng

子曰："君子矜而不争，群而不党。"

15.22

zǐ yuē jūn zǐ bù yǐ yán jǔ rén bù yǐ rén fèi yán

子曰："君子不以言举人，不以人废言。"

15.23

zǐ gòng wèn yuē yǒu yì yán ér kě yǐ zhōng shēn xíng zhī zhě hū zǐ yuē qí shù hū jǐ suǒ bú yù wù shī yú rén

子贡问曰："有一言而可以终身行之者乎？"子曰："其恕乎！己所不欲，勿施于人。"

15.24

zǐ yuē wú zhī yú rén yě shuí huǐ shuí yù rú yǒu suǒ yù zhě qí yǒu suǒ shì yǐ sī mín yě sān dài zhī suǒ yǐ zhí dào ér xíng yě

子曰："吾之于人也，谁毁谁誉？如有所誉者，其有所试矣。斯民也，三代之所以直道而行也。"

15.25

zǐ yuē wú yóu jí shǐ zhī quē wén yě yǒu mǎ zhě jiè rén chéng zhī

子曰："吾犹及史之阙文也，有马者，借人乘之。

jīn wú yǐ fú
今亡矣夫！”

15.26

zǐ yuē qiǎo yán luàn dé, xiǎo bù
子曰：“巧言乱德，小不

rěn zé luàn dà móu
忍则乱大谋。”

15.27

zǐ yuē zhòng wù zhī, bì chá yān;
子曰：“众恶之，必察焉；

zhòng hào zhī, bì chá yān
众好之，必察焉。”

15.28

zǐ yuē rén néng hóng dào, fēi dào
子曰：“人能弘道，非道

hóng rén
弘人。”

15.29

zǐ yuē guò ér bù gǎi, shì wèi
子曰：“过而不改，是谓

guò yǐ
过矣。”

15.30

zǐ yuē wú cháng zhōng rì bù shí,
子曰：“吾尝终日不食，

zhōng yè bù qǐn, yǐ sī, wú yì, bù rú
终夜不寝，以思，无益，不如

xué yě
学也。”

15.31 zǐ yuē jūn zǐ móu dào bù móu
子曰：“君子谋道不谋
shí gēng yě něi zài qí zhōng yǐ xué
食。耕也，馁在其中矣；学
yě lù zài qí zhōng yǐ jūn zǐ yōu dào bù yōu
也，禄在其中矣。君子忧道不忧
pín
贫。”

15.32 zǐ yuē zhì jí zhī rén bù néng
子曰：“知及之，仁不能
shǒu zhī suī dé zhī bì shī zhī zhì
守之；虽得之，必失之。知
jí zhī rén néng shǒu zhī bù zhuāng yǐ lì zhī zé
及之，仁能守之。不庄以莅之，则
mín bú jìng zhì jí zhī rén néng shǒu zhī zhuāng yǐ
民不敬。知及之，仁能守之，庄以
lì zhī dòng zhī bù yǐ lǐ wèi shàn yě
莅之，动之不以礼，未善也。”

15.33 zǐ yuē jūn zǐ bù kě xiǎo zhī
子曰：“君子不可小知，
ér kě dà shòu yě xiǎo rén bù kě dà
而可大受也；小人不可大

shòu ér kě xiǎo zhī yě
受，而可小知也。”

15.34

zǐ yuē mín zhī yú rén yě shèn
子曰：“民之于仁也，甚
yú shuǐ huǒ shuǐ huǒ wú jiàn dǎo ér sǐ
于水火。水火，吾见蹈而死
zhě yǐ wèi jiàn dǎo rén ér sǐ zhě yě
者矣，未见蹈仁而死者也。”

15.35

zǐ yuē dāng rén bú ràng yú
子曰：“当仁不让于
shī
师。”

15.36

zǐ yuē jūn zǐ zhēn ér bú liàng
子曰：“君子贞而不谅。”

15.37

zǐ yuē shì jūn jìng qí shì ér
子曰：“事君，敬其事而
hòu qí shí
后其食。”

15.38

zǐ yuē yǒu jiào wú lèi
子曰：“有教无类。”

15.39

zǐ yuē dào bù tóng bù xiāng wéi

子曰："道不同，不相为

móu

谋。"

15.40

zǐ yuē cí dá ér yǐ yǐ

子曰："辞达而已矣。"

15.41

shī miǎn xiàn jí jiē zǐ yuē jiē

师冕见。及阶，子曰："阶

yě jí xí zǐ yuē xí yě jiē

也。"及席，子曰："席也。"皆

zuò zǐ gào zhī yuē mǒu zài sī mǒu zài sī shī

坐，子告之曰："某在斯，某在斯。"师

miǎn chū zǐ zhāng wèn yuē yǔ shī yán zhī dào

冕出，子张问曰："与师言之道

yú zǐ yuē rán gù xiàng shī zhī dào yě

与？"子曰："然，固相师之道也。"

jì shì dì shí liù

季氏第十六

jì shì jiāng fá zhuān yú rǎn yǒu

16.1 季氏将伐颛臾。冉有、

jì lù xiàn yú kǒng zǐ yuē jì shì jiāng

季路见于孔子曰："季氏将

yǒu shì yú zhuān yú kǒng zǐ yuē qiú wú nǎi

有事于颛臾。"孔子曰："求！无乃

ěr shì guò yú fú zhuān yú xī zhě xiān wáng yǐ

尔是过与？夫颛臾，昔者先王以

wéi dōng mēng zhǔ qiě zài bāng yù zhī zhōng yǐ shì

为东蒙主，且在邦域之中矣，是

shè jì zhī chén yě hé yǐ fá wéi rǎn yǒu yuē

社稷之臣也。何以伐为？"冉有曰：

fū zǐ yù zhī wú èr chén zhě jiē bú yù yě

"夫子欲之，吾二臣者皆不欲也。"

kǒng zǐ yuē qiú zhōu rén yǒu yán yuē chén lì

孔子曰："求！周任有言曰：'陈力

jiù liè bù néng zhě zhǐ wēi ér bù chí diān ér

就列，不能者止。'危而不持，颠而

bù fú zé jiāng yān yòng bǐ xiàng yǐ qiě ěr yán

不扶，则将焉用彼相矣？且尔言

guò yǐ hǔ sì chū yú xiá guī yù huǐ yú dú

过矣。虎兕出于柙，龟玉毁于椟

zhōng shì shuí zhī guò yú rǎn yǒu yuē jīn fú zhuān

中，是谁之过与？"冉有曰："今夫颛

yú gù ér jìn yú bì jīn bù qǔ hòu shì bì
臾，固而近于费。今不取，后世必
wéi zǐ sūn yōu kǒng zǐ yuē qiú jūn zǐ jí
为子孙忧。”孔子曰：“求！君子疾
fú shě yuē yù zhī ér bì wéi zhī cí qiū yě
夫舍曰欲之，而必为之辞。丘也
wén yǒu guó yǒu jiā zhě bú huàn guǎ ér huàn bù jūn
闻有国有家者，不患寡而患不均，
bú huàn pín ér huàn bù ān gài jūn wú pín hé
不患贫而患不安。盖均无贫，和
wú guǎ ān wú qīng fú rú shì gù yuǎn rén bù
无寡，安无倾。夫如是，故远人不
fú zé xiū wén dé yǐ lái zhī jì lái zhī zé
服，则修文德以来之。既来之，则
ān zhī jīn yóu yǔ qiú yě xiàng fū zǐ yuǎn rén
安之。今由与求也，相夫子，远人
bù fú ér bù néng lái yě bāng fēn bēng lí xī ér
不服而不能来也，邦分崩离析而
bù néng shǒu yě ér móu dòng gān gē yú bāng nèi
不能守也，而谋动干戈于邦内。
wú kǒng jì sūn zhī yōu bú zài zhuān yú ér zài xiāo
吾恐季孙之忧不在颛臾，而在萧
qiáng zhī nèi yě
墙之内也。”

16.2

kǒng zǐ yuē tiān xià yǒu dào zé
孔子曰：“天下有道，则

lǐ yuè zhēng fá zì tiān zǐ chū tiān xià wú dào zé
礼乐征伐自天子出；天下无道，则
lǐ yuè zhēng fá zì zhū hóu chū zì zhū hóu chū
礼乐征伐自诸侯出。自诸侯出，
gài shí shì xī bù shī yǐ zì dà fū chū wǔ shì
盖十世希不失矣；自大夫出，五世
xī bù shī yǐ péi chén zhí guó mìng sān shì xī
希不失矣；陪臣执国命，三世希
bù shī yǐ tiān xià yǒu dào zé zhèng bú zài dà
不失矣。天下有道，则政不在大
fū tiān xià yǒu dào zé shù rén bú yì
夫。天下有道，则庶人不议。”

16.3

kǒng zǐ yuē lù zhī qù gōng shì
孔子曰：“禄之去公室，
wǔ shì yǐ zhèng dài yú dà fū sì shì
五世矣；政逮于大夫，四世
yǐ gù fú sān huán zhī zǐ sūn wēi yǐ
矣；故夫三桓之子孙，微矣。”

16.4

kǒng zǐ yuē yì zhě sān yǒu sǔn
孔子曰：“益者三友，损
zhě sān yǒu yǒu zhí yǒu liàng yǒu duō
者三友。友直，友谅，友多
wén yì yǐ yǒu pián pì yǒu shàn róu yǒu pián nìng
闻，益矣。友便辟，友善柔，友便佞，
sǔn yǐ
损矣。”

16.5

kǒng zǐ yuē yì zhě sān yào sǔn
孔子曰：“益者三乐，损
zhě sān yào yào jié lǐ yuè yào dào rén
者三乐。乐节礼乐，乐道人
zhī shàn yào duō xián yǒu yì yǐ yào jiāo lè yào
之善，乐多贤友，益矣。乐骄乐，乐
yì yóu yào yàn lè sǔn yǐ
佚游，乐宴乐，损矣。”

16.6

kǒng zǐ yuē shì yú jūn zǐ yǒu
孔子曰：“侍于君子有
sān qiān yán wèi jí zhī ér yán wèi zhī
三愆：言未及之而言，谓之
zào yán jí zhī ér bù yán wèi zhī yǐn wèi jiàn yán
躁；言及之而不言，谓之隐；未见颜
sè ér yán wèi zhī gǔ
色而言，谓之瞽。”

16.7

kǒng zǐ yuē jūn zǐ yǒu sān jiè
孔子曰：“君子有三戒：
shào zhī shí xuè qì wèi dìng jiè zhī zài
少之时，血气未定，戒之在
sè jí qí zhuàng yě xuè qì fāng gāng jiè zhī zài
色；及其壮也，血气方刚，戒之在
dòu jí qí lǎo yě xuè qì jì shuāi jiè zhī zài
斗；及其老也，血气既衰，戒之在

dé
得。”

16.8

kǒng zǐ yuē jūn zǐ yǒu sān wèi
孔子曰：“君子有三畏：
wèi tiān mìng wèi dà rén wèi shèng rén zhī
畏天命，畏大人，畏圣人之
yán xiǎo rén bù zhī tiān mìng ér bú wèi yě xiá
言。小人不知天命而不畏也，狎
dà rén wǔ shèng rén zhī yán
大人，侮圣人之言。”

16.9

kǒng zǐ yuē shēng ér zhī zhī zhě
孔子曰：“生而知之者，
shàng yě xué ér zhī zhī zhě cì yě kùn
上也；学而知之者，次也；困
ér xué zhī yòu qí cì yě kùn ér bù xué mín sī
而学之，又其次也；困而不学，民斯
wéi xià yǐ
为下矣。”

16.10

kǒng zǐ yuē jūn zǐ yǒu jiǔ sī
孔子曰：“君子有九思：
shì sī míng tīng sī cōng sè sī wēn mào
视思明，听思聪，色思温，貌
sī gōng yán sī zhōng shì sī jìng yí sī wèn fèn
思恭，言思忠，事思敬，疑思问，忿

sī nàn jiàn dé sī yì
思难，见得思义。”

16.11

kǒng zǐ yuē jiàn shàn rú bù jí
孔子曰：“见善如不及，
jiàn bú shàn rú tàn tāng wú jiàn qí rén
见不善如探汤。吾见其人
yǐ wú wén qí yǔ yǐ yǐn jū yǐ qiú qí zhì
矣，吾闻其语矣。隐居以求其志，
xíng yì yǐ dá qí dào wú wén qí yǔ yǐ wèi
行义以达其道。吾闻其语矣，未
jiàn qí rén yě
见其人也。”

16.12

qí jǐng gōng yǒu mǎ qiān sì sǐ zhī
齐景公有马千驷，死之
rì mín wú dé ér chēng yān bó yí
日，民无德而称焉。伯夷、
shū qí è yú shǒu yáng zhī xià mín dào yú jīn chēng
叔齐饿于首阳之下，民到于今称
zhī chéng bù yǐ fù yì zhǐ yǐ yì qí sī
之。“诚不以富，亦只以异。”其斯
zhī wèi yú
之谓与？

16.13

chén gāng wèn yú bó yú yuē zǐ
陈亢问于伯鱼曰：“子
yì yǒu yì wén hū duì yuē wèi yě
亦有异闻乎？”对曰：“未也。
cháng dú lì lǐ qū ér guò tíng yuē xué shī
尝独立，鲤趋而过庭。曰：‘学诗
hū duì yuē wèi yě bù xué shī wú yǐ
乎？’对曰：‘未也。’‘不学诗，无以
yán lǐ tuì ér xué shī tā rì yòu dú lì
言。’鲤退而学诗。他日，又独立，
lǐ qū ér guò tíng yuē xué lǐ hū duì yuē
鲤趋而过庭。曰：‘学礼乎？’对曰：
wèi yě bù xué lǐ wú yǐ lì lǐ tuì ér
‘未也。’‘不学礼，无以立。’鲤退而
xué lǐ wén sī èr zhě chén gāng tuì ér xǐ yuē
学礼。闻斯二者。”陈亢退而喜曰：
wèn yī dé sān wén shī wén lǐ yòu wén jūn zǐ
“问一得三，闻诗，闻礼，又闻君子
zhī yuàn qí zǐ yě
之远其子也。”

16.14

bāng jūn zhī qī jūn chēng zhī yuē
邦君之妻，君称之曰
fū rén fū rén zì chēng yuē xiǎo
“夫人”，夫人自称曰“小

tóng bāng rén chēng zhī yuē jūn fū rén chēng zhū
童”，邦人称之曰“君夫人”，称诸
yì bāng yuē guǎ xiǎo jūn yì bāng rén chēng zhī yì
异邦曰“寡小君”；异邦人称之，亦
yuē jūn fū rén
曰“君夫人”。

yáng huò dì shí qī

阳货第十七

17.1

yáng huò yù jiàn kǒng zǐ kǒng zǐ
阳货欲见孔子，孔子
bú jiàn kuì kǒng zǐ tún kǒng zǐ shí
不见，归孔子豚。孔子时
qí wú yě ér wǎng bài zhī yù zhū tú wèi kǒng
其亡也，而往拜之，遇诸涂。谓孔
zǐ yuē lái yú yǔ ěr yán yuē huái qí bǎo
子曰："来！予与尔言。"曰："怀其宝
ér mí qí bāng kě wèi rén hū yuē bù kě
而迷其邦，可谓仁乎？"曰："不可。"
hào cóng shì ér qì shī shí kě wèi zhì hū yuē
"好从事而亟失时，可谓知乎？"曰：
bù kě rì yuè shì yǐ suì bù wǒ yǔ kǒng
"不可。""日月逝矣，岁不我与。"孔
zǐ yuē nuò wú jiāng shì yǐ
子曰："诺。吾将仕矣。"

17.2

zǐ yuē xìng xiāng jìn yě xí xiāng
子曰："性相近也，习相
yuǎn yě
远也。"

zǐ yuē wéi shàng zhì yǔ xià yú
子曰："唯上知与下愚
bù yí
不移。"

17.4

zǐ zhī wǔ chéng wén xián gē zhī
子之武城，闻弦歌之
shēng fū zǐ wǎn ěr ér xiào yuē gē
声。夫子莞尔而笑曰："割
jī yān yòng niú dāo zǐ yóu duì yuē xī zhě yǎn
鸡焉用牛刀？"子游对曰："昔者偃
yě wén zhū fū zǐ yuē jūn zǐ xué dào zé ài
也闻诸夫子曰：'君子学道则爱
rén xiǎo rén xué dào zé yì shǐ yě zǐ yuē èr
人，小人学道则易使也。'"子曰："二
sān zǐ yǎn zhī yán shì yě qián yán xì zhī
三子！偃之言是也。前言戏之
ěr
耳。"

17.5

gōng shān fú rǎo yǐ bì pàn zhào
公山弗扰以费畔，召，
zǐ yù wǎng zǐ lù bú yuè yuē mò
子欲往。子路不说，曰："末
zhī yě yǐ hé bì gōng shān shì zhī zhī yě zǐ
之也已，何必公山氏之之也。"子
yuē fú zhào wǒ zhě ér qǐ tú zāi rú yǒu yòng
曰："夫召我者，而岂徒哉？如有用

wǒ zhě wú qí wéi dōng zhōu hū
我者，吾其为东周乎？”

17.6

zǐ zhāng wèn rén yú kǒng zǐ kǒng
子张问仁于孔子。孔
zǐ yuē néng xíng wǔ zhě yú tiān xià wéi
子曰：“能行五者于天下，为
rén yǐ qǐng wèn zhī yuē gōng kuān xìn mǐn
仁矣。”请问之。曰：“恭、宽、信、敏、
huì gōng zé bù wǔ kuān zé dé zhòng xìn zé rén
惠。恭则不侮，宽则得众，信则人
rèn yān mǐn zé yǒu gōng huì zé zú yǐ shǐ rén
任焉，敏则有功，惠则足以使人。”

17.7

bì xī zhào zǐ yù wǎng zǐ lù
佛肸召，子欲往。子路
yuē xī zhě yóu yě wén zhū fū zǐ
曰：“昔者由也闻诸夫子
yuē qīn yú qí shēn wéi bú shàn zhě jūn zǐ bú
曰：‘亲于其身为不善者，君子不
rù yě bì xī yǐ zhōng móu pàn zǐ zhī wǎng yě
入也。’佛肸以中牟畔，子之往也，
rú zhī hé zǐ yuē rán yǒu shì yán yě bù
如之何！”子曰：“然。有是言也。不
yuē jiān hū mó ér bú lìn bù yuē bái hū niè
曰坚乎，磨而不磷；不曰白乎，涅
ér bù zī wú qǐ páo guā yě zāi yān néng xì
而不缁。吾岂匏瓜也哉？焉能系

ér bù shí
而不食？”

17.8

zǐ yuē yóu yě rǔ wén liù yán
子曰：“由也，女闻六言
liù bì yǐ hū duì yuē wèi yě
六蔽矣乎？”对曰：“未也。”
jū wú yù rǔ hào rén bú hào xué qí bì yě
“居！吾语女。好仁不好学，其蔽也
yú hào zhì bú hào xué qí bì yě dàng hào xìn bú
愚；好知不好学，其蔽也荡；好信不
hào xué qí bì yě zéi hào zhí bú hào xué qí bì
好学，其蔽也贼；好直不好学，其蔽
yě jiǎo hào yǒng bú hào xué qí bì yě luàn hǎo gāng
也绞；好勇不好学，其蔽也乱；好刚
bú hào xué qí bì yě kuáng
不好学，其蔽也狂。”

17.9

zǐ yuē xiǎo zǐ hé mò xué fú
子曰：“小子！何莫学夫
shī shī kě yǐ xīng kě yǐ guān
《诗》？《诗》，可以兴，可以观，
kě yǐ qún kě yǐ yuàn ěr zhī shì fù yuǎn zhī
可以群，可以怨。迩之事父，远之
shì jūn duō shí yú niǎo shòu cǎo mù zhī míng
事君，多识于鸟兽草木之名。”

17.10

zǐ wèi bó yú yuē rǔ wéi zhōu
子谓伯鱼曰：“女为《周
nán shào nán yǐ hū rén ér bù
南》、《召南》矣乎？人而不
wéi zhōu nán shào nán qí yóu zhèng qiáng miàn ér
为《周南》、《召南》，其犹正墙面而
lì yě yú
立也与？”

17.11

zǐ yuē lǐ yún lǐ yún yù bó
子曰：“礼云礼云，玉帛
yún hū zāi yuè yún yuè yún zhōng gǔ
云乎哉？乐云乐云，钟鼓
yún hū zāi
云乎哉？”

17.12

zǐ yuē sè lì ér nèi rěn pì
子曰：“色厉而内荏，譬
zhū xiǎo rén qí yóu chuān yú zhī dào yě
诸小人，其犹穿窬之盗也
yú
与？”

17.13

zǐ yuē xiāng yuàn dé zhī zéi
子曰：“乡原，德之贼
yě
也。”

zǐ yuē dào tīng ér tú shuō dé

子曰："道听而涂说，德

zhī qì yě

之弃也。"

17.15

zǐ yuē bǐ fū kě yǔ shì jūn

子曰："鄙夫可与事君

yě yú zāi qí wèi dé zhī yě huàn dé

也与哉？其未得之也，患得

zhī jì dé zhī huàn shī zhī gǒu huàn shī zhī wú

之；既得之，患失之。苟患失之，无

suǒ bú zhì yǐ

所不至矣。"

17.16

zǐ yuē gǔ zhě mín yǒu sān jí

子曰："古者民有三疾，

jīn yě huò shì zhī wú yě gǔ zhī kuáng

今也或是之亡也。古之狂

yě sì jīn zhī kuáng yě dàng gǔ zhī jīn yě lián

也肆，今之狂也荡；古之矜也廉，

jīn zhī jīn yě fèn lì gǔ zhī yú yě zhí jīn zhī

今之矜也忿戾；古之愚也直，今之

yú yě zhà ér yǐ yǐ

愚也诈而已矣。"

17.17

zǐ yuē qiǎo yán lìng sè xiǎn yǐ
子曰："巧言令色，鲜矣
rén
仁。"

17.18

zǐ yuē wù zǐ zhī duó zhū yě
子曰："恶紫之夺朱也，
wù zhèng shēng zhī luàn yǎ yuè yě wù lì
恶郑声之乱雅乐也，恶利
kǒu zhī fù bāng jiā zhě
口之覆邦家者。"

17.19

zǐ yuē yú yù wú yán zǐ gòng
子曰："予欲无言。"子贡
yuē zǐ rú bù yán zé xiǎo zǐ hé shù
曰："子如不言，则小子何述
yān zǐ yuē tiān hé yán zāi sì shí xíng yān
焉？"子曰："天何言哉？四时行焉，
bǎi wù shēng yān tiān hé yán zāi
百物生焉，天何言哉？"

17.20

rú bēi yù jiàn kǒng zǐ kǒng zǐ cí
孺悲欲见孔子，孔子辞
yǐ jí jiāng mìng zhě chū hù qǔ sè
以疾。将命者出户，取瑟
ér gē shǐ zhī wén zhī
而歌，使之闻之。

17.21

zǎi wǒ wèn sān nián zhī sāng jī
宰我问:“三年之丧,期
yǐ jiǔ yǐ jūn zǐ sān nián bù wéi
已久矣。君子三年不为
lǐ lǐ bì huài sān nián bù wéi yuè yuè bì bēng
礼,礼必坏;三年不为乐,乐必崩。
jiù gǔ jì mò xīn gǔ jì shēng zuān suì gǎi huǒ
旧谷既没,新谷既升,钻燧改火,
jī kě yǐ yǐ zǐ yuē shí fú dào yì fú jǐn
期可已矣。”子曰:“食夫稻,衣夫锦,
yú rǔ ān hū yuē ān rǔ ān zé wéi zhī
于女安乎?”曰:“安。”“女安则为之!
fú jūn zǐ zhī jū sāng shí zhǐ bù gān wén yuè bú
夫君子之居丧,食旨不甘,闻乐不
lè jū chǔ bù ān gù bù wéi yě jīn rǔ ān
乐,居处不安,故不为也。今女安,
zé wéi zhī zǎi wǒ chū zǐ yuē yú zhī bù rén
则为之!”宰我出。子曰:“予之不仁
yě zǐ shēng sān nián rán hòu miǎn yú fù mǔ zhī
也!子生三年,然后免于父母之
huái fú sān nián zhī sāng tiān xià zhī tōng sāng yě
怀。夫三年之丧,天下之通丧也。
yú yě yǒu sān nián zhī ài yú qí fù mǔ hū
予也有三年之爱于其父母乎?”

17.22

zǐ yuē bǎo shí zhōng rì wú suǒ
子曰："饱食终日，无所
yòng xīn nán yǐ zāi bù yǒu bó yì zhě
用心，难矣哉！不有博弈者
hū wéi zhī yóu xián hū yǐ
乎？为之犹贤乎已。"

17.23

zǐ lù yuē jūn zǐ shàng yǒng
子路曰："君子尚勇
hū zǐ yuē jūn zǐ yì yǐ wéi shàng
乎？"子曰："君子义以为上。
jūn zǐ yǒu yǒng ér wú yì wéi luàn xiǎo rén yǒu yǒng
君子有勇而无义为乱，小人有勇
ér wú yì wéi dào
而无义为盗。"

17.24

zǐ gòng yuē jūn zǐ yì yǒu wù
子贡曰："君子亦有恶
hū zǐ yuē yǒu wù wù chēng rén zhī
乎？"子曰："有恶：恶称人之
è zhě wù jū xià liú ér shàn shàng zhě wù yǒng ér
恶者，恶居下流而讪上者，恶勇而
wú lǐ zhě wù guǒ gǎn ér zhì zhě yuē cì yě
无礼者，恶果敢而窒者。"曰："赐也
yì yǒu wù hū wù jiǎo yǐ wéi zhì zhě wù bú
亦有恶乎？""恶徼以为知者，恶不
xùn yǐ wéi yǒng zhě wù jié yǐ wéi zhí zhě
孙以为勇者，恶讦以为直者。"

zǐ yuē wéi nǚ zǐ yǔ xiǎo rén
子曰：“唯女子与小人
wéi nán yǎng yě jìn zhī zé bú xùn yuàn
为难养也，近之则不孙，远
zhī zé yuàn
之则怨。”

zǐ yuē nián sì shí ér jiàn wù
子曰：“年四十而见恶
yān qí zhōng yě yǐ
焉，其终也已。”

wēi zǐ dì shí bā

微子第十八

18.1

wēi zǐ qù zhī jī zǐ wéi zhī

微子去之，箕子为之

nú bǐ gān jiàn ér sǐ kǒng zǐ yuē

奴，比干谏而死。孔子曰：

yīn yǒu sān rén yān

“殷有三仁焉。”

18.2

liǔ xià huì wéi shì shī sān chù

柳下惠为士师，三黜。

rén yuē zǐ wèi kě yǐ qù hū yuē

人曰：“子未可以去乎？”曰：

zhí dào ér shì rén yān wǎng ér bù sān chù wǎng

“直道而事人，焉往而不三黜？枉

dào ér shì rén hé bì qù fù mǔ zhī bāng

道而事人，何必去父母之邦？”

18.3

qí jǐng gōng dài kǒng zǐ yuē ruò

齐景公待孔子，曰：“若

jì shì zé wú bù néng yǐ jì mèng zhī

季氏则吾不能，以季、孟之

jiān dài zhī yuē wú lǎo yǐ bù néng yòng yě

间待之。”曰：“吾老矣，不能用也。”

kǒng zǐ xíng
孔子行。

18.4

qí rén kuì nǚ yuè jì huán zǐ shòu
齐人归女乐，季桓子受
zhī sān rì bù cháo kǒng zǐ xíng
之。三日不朝，孔子行。

18.5

chǔ kuáng jiē yú gē ér guò kǒng zǐ
楚狂接舆歌而过孔子
yuē fèng xī fèng xī hé dé zhī
曰："凤兮！凤兮！何德之
shuāi wǎng zhě bù kě jiàn lái zhě yóu kě zhuī yǐ
衰？往者不可谏，来者犹可追。已
ér yǐ ér jīn zhī cóng zhèng zhě dài ér kǒng zǐ
而，已而！今之从政者殆而！"孔子
xià yù yǔ zhī yán qū ér bì zhī bù dé yǔ
下，欲与之言。趋而辟之，不得与
zhī yán
之言。

18.6

cháng jū jié nì ǒu ér gēng kǒng
长沮、桀溺耦而耕。孔
zǐ guò zhī shǐ zǐ lù wèn jīn yān
子过之，使子路问津焉。
cháng jū yuē fú zhí yú zhě wéi shuí zǐ lù
长沮曰："夫执舆者为谁？"子路

yuē wéi kǒng qiū yuē shì lǔ kǒng qiū yú
曰：“为孔丘。”曰：“是鲁孔丘与？”
yuē shì yě yuē shì zhī jīn yǐ wèn yú jié
曰：“是也。”曰：“是知津矣。”问于桀
nì jié nì yuē zǐ wéi shuí yuē wéi zhòng
溺，桀溺曰：“子为谁？”曰：“为仲
yóu yuē shì lǔ kǒng qiū zhī tú yú duì yuē
由。”曰：“是鲁孔丘之徒与？”对曰：
rán yuē tāo tāo zhě tiān xià jiē shì yě ér shuí
“然。”曰：“滔滔者天下皆是也，而谁
yǐ yì zhī qiě ér yǔ qí cóng bì rén zhī shì
以易之？且而与其从辟人之士
yě qǐ ruò cóng bì shì zhī shì zāi yōu ér bú
也，岂若从辟世之士哉？”耰而不
chuò zǐ lù xíng yǐ gào fū zǐ wǔ rán yuē niǎo
辍。子路行以告。夫子怃然曰：“鸟
shòu bù kě yǔ tóng qún wú fēi sī rén zhī tú yǔ
兽不可与同群，吾非斯人之徒与
ér shuí yǔ tiān xià yǒu dào qiū bù yǔ yì yě
而谁与？天下有道，丘不与易也。”

18.7

zǐ lù zòng ér hòu yù zhàng rén
子路从而后，遇丈人，
yǐ zhàng hè diào zǐ lù wèn yuē zǐ
以杖荷蓧。子路问曰：“子
jiàn fū zǐ hū zhàng rén yuē sì tǐ bù qín
见夫子乎？”丈人曰：“四体不勤，

wǔ gǔ bù fēn shú wéi fū zǐ zhí qí zhàng ér

五谷不分，孰为夫子？”植其杖而

yún zǐ lù gǒng ér lì zhǐ zǐ lù sù shā jī

芸。子路拱而立。止子路宿，杀鸡

wéi shǔ ér sì zhī xiàn qí èr zǐ yān míng rì

为黍而食之，见其二子焉。明日，

zǐ lù xíng yǐ gào zǐ yuē yǐn zhě yě shǐ zǐ

子路行以告。子曰：“隐者也。”使子

lù fǎn jiàn zhī zhì zé xíng yǐ zǐ lù yuē bú

路反见之。至则行矣。子路曰：“不

shì wú yì zhǎng yòu zhī jié bù kě fèi yě jūn

仕无义。长幼之节，不可废也；君

chén zhī yì rú zhī hé qí fèi zhī yù jié qí

臣之义，如之何其废之？欲洁其

shēn ér luàn dà lún jūn zǐ zhī shì yě xíng qí

身而乱大伦。君子之仕也，行其

yì yě dào zhī bù xíng yǐ zhī zhī yǐ

义也。道之不行，已知之矣。”

18.8

yì mín bó yí shū qí yú

逸民：伯夷、叔齐、虞

zhòng yí yì zhū zhāng liǔ xià huì

仲、夷逸、朱张、柳下惠、

shào lián zǐ yuē bú jiàng qí zhì bù rǔ qí

少连。子曰：“不降其志，不辱其

shēn bó yí shū qí yú wèi liǔ xià huì shào

身，伯夷、叔齐与！”谓：“柳下惠、少

lián jiàng zhì rǔ shēn yǐ yán zhòng lún xíng zhòng
连，降志辱身矣。言中伦，行中
lǜ qí sī ér yǐ yǐ wèi yú zhòng yí yì
虑，其斯而已矣。”谓：“虞仲、夷逸，
yǐn jū fàng yán shēn zhòng qīng fèi zhòng quán wǒ
隐居放言。身中清，废中权。我
zé yì yú shì wú kě wú bù kě
则异于是，无可无不可。”

18.9

tài shī zhì shì qí yà fàn gān shì
大师挚适齐，亚饭干适
chǔ sān fàn liáo shì cài sì fàn quē shì
楚，三饭缭适蔡，四饭缺适
qín gǔ fāng shū rù yú hé bō táo wǔ rù yú
秦。鼓方叔入于河，播鼗武入于
hàn shào shī yáng jī qìng xiāng rù yú hǎi
汉，少师阳、击磬襄入于海。

18.10

zhōu gōng wèi lǔ gōng yuē jūn zǐ
周公谓鲁公曰：“君子
bù shī qí qīn bù shǐ dà chén yuàn hū
不施其亲，不使大臣怨乎
bù yǐ gù jiù wú dà gù zé bú qì yě wú
不以。故旧无大故，则不弃也。无
qiú bèi yú yì rén
求备于一人。”

zhōu yǒu bā shì bó dá bó kuò
周有八士：伯达、伯适、
zhòng tū zhòng hū shū yè shū xià
仲突、仲忽、叔夜、叔夏、
jì suí jì guā
季随、季䯄。

zǐ zhāng dì shí jiǔ

子张第十九

19.1

zǐ zhāng yuē shì jiàn wēi zhì mìng

子张曰:“士见危致命,

jiàn dé sī yì jì sī jìng sāng sī āi

见得思义,祭思敬,丧思哀,

qí kě yǐ yǐ

其可已矣。”

19.2

zǐ zhāng yuē zhí dé bù hóng xìn

子张曰:“执德不弘,信

dào bù dǔ yān néng wéi yǒu yān néng

道不笃,焉能为有?焉能

wéi wú

为亡?”

19.3

zǐ xià zhī mén rén wèn jiāo yú zǐ

子夏之门人问交于子

zhāng zǐ zhāng yuē zǐ xià yún hé

张。子张曰:“子夏云何?”

duì yuē zǐ xià yuē kě zhě yǔ zhī qí bù kě

对曰:“子夏曰:‘可者与之,其不可

zhě jù zhī zǐ zhāng yuē yì hū wú suǒ wén

者拒之。’”子张曰:“异乎吾所闻:

jūn zǐ zūn xián ér róng zhòng jiā shàn ér jīn bù
君子尊贤而容众，嘉善而矜不
néng wǒ zhī dà xián yú yú rén hé suǒ bù róng
能。我之大贤与，于人何所不容？
wǒ zhī bù xián yú rén jiāng jù wǒ rú zhī hé qí
我之不贤与，人将拒我，如之何其
jù rén yě
拒人也？”

19.4

zǐ xià yuē suī xiǎo dào bì yǒu
子夏曰：“虽小道，必有
kě guān zhě yān zhì yuǎn kǒng nì shì yǐ
可观者焉；致远恐泥，是以
jūn zǐ bù wéi yě
君子不为也。”

19.5

zǐ xià yuē rì zhī qí suǒ wú
子夏曰：“日知其所亡，
yuè wú wàng qí suǒ néng kě wèi hào xué
月无忘其所能，可谓好学
yě yǐ yǐ
也已矣。”

19.6

zǐ xià yuē bó xué ér dǔ zhì
子夏曰：“博学而笃志，
qiè wèn ér jìn sī rén zài qí zhōng
切问而近思，仁在其中

yǐ
矣。”

19.7

zǐ xià yuē bǎi gōng jū sì yǐ chéng qí shì jūn zǐ xué yǐ zhì qí dào
子夏曰："百工居肆以成其事，君子学以致其道。"

19.8

zǐ xià yuē xiǎo rén zhī guò yě bì wèn
子夏曰："小人之过也必文。"

19.9

zǐ xià yuē jūn zǐ yǒu sān biàn wàng zhī yǎn rán jí zhī yě wēn tīng qí yán yě lì
子夏曰："君子有三变：望之俨然，即之也温，听其言也厉。"

19.10

zǐ xià yuē jūn zǐ xìn ér hòu láo qí mín wèi xìn zé yǐ wéi lì jǐ
子夏曰："君子信而后劳其民；未信，则以为厉己

yě xìn ér hòu jiàn wèi xìn zé yǐ wéi bàng jǐ
也。信而后谏；未信，则以为谤己
yě
也。”

19.11

zǐ xià yuē dà dé bù yú xián
子夏曰：“大德不逾闲，
xiǎo dé chū rù kě yě
小德出入可也。”

19.12

zǐ yóu yuē zǐ xià zhī mén rén
子游曰：“子夏之门人
xiǎo zǐ dāng sǎ sǎo yìng duì jìn tuì
小子，当洒扫、应对、进退
zé kě yǐ yì mò yě běn zhī zé wú rú zhī
则可矣。抑末也，本之则无，如之
hé zǐ xià wén zhī yuē yī yán yóu guò yǐ
何？”子夏闻之曰：“噫！言游过矣！
jūn zǐ zhī dào shú xiān chuán yān shú hòu juàn yān
君子之道，孰先传焉？孰后倦焉？
pì zhū cǎo mù qū yǐ bié yǐ jūn zǐ zhī dào
譬诸草木，区以别矣。君子之道，
yān kě wū yě yǒu shǐ yǒu zú zhě qí wéi shèng
焉可诬也？有始有卒者，其惟圣
rén hū
人乎！”

19.13

zǐ xià yuē shì ér yōu zé xué
子夏曰："仕而优则学，
xué ér yōu zé shì
学而优则仕。"

19.14

zǐ yóu yuē sāng zhì hū āi ér
子游曰："丧致乎哀而
zhǐ
止。"

19.15

zǐ yóu yuē wú yǒu zhāng yě wéi
子游曰："吾友张也，为
nán néng yě rán ér wèi rén
难能也。然而未仁。"

19.16

zēng zǐ yuē táng táng hū zhāng yě
曾子曰："堂堂乎张也，
nán yǔ bìng wéi rén yǐ
难与并为仁矣。"

19.17

zēng zǐ yuē wú wén zhū fū zǐ
曾子曰："吾闻诸夫子：
rén wèi yǒu zì zhì zhě yě bì yě qīn
人未有自致者也，必也亲

sāng hū
丧乎！”

19.18 zēng zǐ yuē wú wén zhū fū zǐ
曾子曰：“吾闻诸夫子：
mèng zhuāng zǐ zhī xiào yě qí tā kě
孟庄子之孝也，其他可
néng yě qí bù gǎi fù zhī chén yǔ fù zhī zhèng
能也，其不改父之臣与父之政，
shì nán néng yě
是难能也。”

19.19 mèng shì shǐ yáng fū wéi shì shī
孟氏使阳肤为士师，
wèn yú zēng zǐ zēng zǐ yuē shàng shī
问于曾子。曾子曰：“上失
qí dào mín sàn jiǔ yǐ rú dé qí qíng zé āi
其道，民散久矣。如得其情，则哀
jīn ér wù xǐ
矜而勿喜。”

19.20 zǐ gòng yuē zhòu zhī bú shàn bù
子贡曰：“纣之不善，不
rú shì zhī shèn yě shì yǐ jūn zǐ wù
如是之甚也。是以君子恶
jū xià liú tiān xià zhī è jiē guī yān
居下流，天下之恶皆归焉。”

19.21

zǐ gòng yuē jūn zǐ zhī guò yě

子贡曰:“君子之过也,

rú rì yuè zhī shí yān guò yě rén jiē

如日月之食焉。过也,人皆

jiàn zhī gēng yě rén jiē yǎng zhī

见之;更也,人皆仰之。”

19.22

wèi gōng sūn cháo wèn yú zǐ gòng

卫公孙朝问于子贡

yuē zhòng ní yān xué zǐ gòng yuē

曰:“仲尼焉学?”子贡曰:

wén wǔ zhī dào wèi zhuì yú dì zài rén xián zhě

“文、武之道,未坠于地,在人。贤者

zhì qí dà zhě bù xián zhě zhì qí xiǎo zhě mò bù

识其大者,不贤者识其小者,莫不

yǒu wén wǔ zhī dào yān fū zǐ yān bù xué ér

有文、武之道焉。夫子焉不学?而

yì hé cháng shī zhī yǒu

亦何常师之有?”

19.23

shū sūn wǔ shū yù dà fū yú

叔孙武叔语大夫于

cháo yuē zǐ gòng xián yú zhòng ní

朝,曰:“子贡贤于仲尼。”

zǐ fú jǐng bó yǐ gào zǐ gòng zǐ gòng yuē pì

子服景伯以告子贡。子贡曰:“譬

zhī gōng qiáng cì zhī qiáng yě jí jiān kuī jiàn shì
之宫墙，赐之墙也及肩，窥见室
jiā zhī hǎo fū zǐ zhī qiáng shù rèn bù dé qí
家之好。夫子之墙数仞，不得其
mén ér rù bú jiàn zōng miào zhī měi bǎi guān zhī
门而入，不见宗庙之美，百官之
fù dé qí mén zhě huò guǎ yǐ fū zǐ zhī yún
富。得其门者或寡矣。夫子之云，
bú yì yí hū
不亦宜乎！”

19.24 shū sūn wǔ shū huǐ zhòng ní zǐ
叔孙武叔毁仲尼。子
gòng yuē wú yǐ wéi yě zhòng ní bù
贡曰：“无以为也，仲尼不
kě huǐ yě tā rén zhī xián zhě qiū líng yě yóu
可毁也。他人之贤者，丘陵也，犹
kě yú yě zhòng ní rì yuè yě wú dé ér yú
可逾也；仲尼，日月也，无得而逾
yān rén suī yù zì jué qí hé shāng yú rì yuè
焉。人虽欲自绝，其何伤于日月
hū duō jiàn qí bù zhī liàng yě
乎？多见其不知量也！”

19.25 chén zǐ qín wèi zǐ gòng yuē zǐ
陈子禽谓子贡曰：“子
wéi gōng yě zhòng ní qǐ xián yú zǐ
为恭也，仲尼岂贤于子

hū zǐ gòng yuē jūn zǐ yì yán yǐ wéi zhì yī
乎？”子贡曰：“君子一言以为知，一
yán yǐ wéi bú zhì yán bù kě bú shèn yě fū
言以为不知，言不可不慎也。夫
zǐ zhī bù kě jí yě yóu tiān zhī bù kě jiē ér
子之不可及也，犹天之不可阶而
shēng yě fū zǐ zhī dé bāng jiā zhě suǒ wèi lì
升也。夫子之得邦家者，所谓‘立
zhī sī lì dào zhī sī xíng suí zhī sī lái dòng zhī
之斯立，道之斯行，绥之斯来，动之
sī hé qí shēng yě róng qí sǐ yě āi rú
斯和。其生也荣，其死也哀’。如
zhī hé qí kě jí yě
之何其可及也？”

yáo yuē dì èr shí
尧曰第二十

20.1

yáo yuē zī ěr shùn tiān zhī
尧曰："咨！尔舜！天之
lì shù zài ěr gōng yǔn zhí qí zhōng
历数在尔躬。允执其中。
sì hǎi kùn qióng tiān lù yǒng zhōng shùn yì yǐ mìng
四海困穷，天禄永终。"舜亦以命
yǔ yuē yú xiǎo zǐ lǚ gǎn yòng xuán mǔ gǎn zhāo
禹。曰："予小子履，敢用玄牡，敢昭
gào yú huáng huáng hòu dì yǒu zuì bù gǎn shè dì
告于皇皇后帝：有罪不敢赦。帝
chén bú bì jiǎn zài dì xīn zhèn gōng yǒu zuì wú
臣不蔽，简在帝心。朕躬有罪，无
yǐ wàn fāng wàn fāng yǒu zuì zuì zài zhèn gōng zhōu
以万方；万方有罪，罪在朕躬。"周
yǒu dà lài shàn rén shì fù suī yǒu zhōu qīn bù
有大赉，善人是富。"虽有周亲，不
rú rén rén bǎi xìng yǒu guò zài yú yì rén jǐn
如仁人。百姓有过，在予一人。"谨
quán liàng shěn fǎ dù xiū fèi guān sì fāng zhī zhèng
权量，审法度，修废官，四方之政
xíng yān xīng miè guó jì jué shì jǔ yì mín tiān
行焉。兴灭国，继绝世，举逸民，天
xià zhī mín guī xīn yān suǒ zhòng mín shí sāng
下之民归心焉。所重：民、食、丧、

jì kuān zé dé zhòng xìn zé mín rèn yān mǐn zé
祭。宽则得众,信则民任焉,敏则
yǒu gōng gōng zé yuè
有功,公则说。

20.2

zǐ zhāng wèn yú kǒng zǐ yuē hé
子张问于孔子曰:“何
rú sī kě yǐ cóng zhèng yǐ zǐ yuē
如,斯可以从政矣?”子曰:
zūn wǔ měi bǐng sì è sī kě yǐ cóng zhèng
“尊五美,屏四恶,斯可以从政
yǐ zǐ zhāng yuē hé wèi wǔ měi zǐ yuē jūn
矣。”子张曰:“何谓五美?”子曰:“君
zǐ huì ér bú fèi láo ér bú yuàn yù ér bù
子惠而不费,劳而不怨,欲而不
tān tài ér bù jiāo wēi ér bù měng zǐ zhāng yuē
贪,泰而不骄,威而不猛。”子张曰:
hé wèi huì ér bú fèi zǐ yuē yīn mín zhī suǒ
“何谓惠而不费?”子曰:“因民之所
lì ér lì zhī sī bú yì huì ér bú fèi hū
利而利之,斯不亦惠而不费乎?
zé kě láo ér láo zhī yòu shuí yuàn yù rén ér
择可劳而劳之,又谁怨?欲仁而
dé rén yòu yān tān jūn zǐ wú zhòng guǎ wú xiǎo
得仁,又焉贪?君子无众寡,无小
dà wú gǎn màn sī bú yì tài ér bù jiāo hū
大,无敢慢,斯不亦泰而不骄乎?
jūn zǐ zhèng qí yī guān zūn qí zhān shì yǎn rán rén
君子正其衣冠,尊其瞻视,俨然人

wàng ér wèi zhī sī bú yì wēi ér bù měng hū
望而畏之,斯不亦威而不猛乎?"

zǐ zhāng yuē hé wèi sì è zǐ yuē bú jiào
子张曰:"何谓四恶?"子曰:"不教

ér shā wèi zhī nüè bú jiè shì chéng wèi zhī bào màn
而杀谓之虐,不戒视成谓之暴,慢

líng zhì qī wèi zhī zéi yóu zhī yǔ rén yě chū nà
令致期谓之贼,犹之与人也,出纳

zhī lìn wèi zhī yǒu sī
之吝,谓之有司。"

20.3

zǐ yuē bù zhī mìng wú yǐ wéi
子曰:"不知命,无以为

jūn zǐ yě bù zhī lǐ wú yǐ lì
君子也。不知礼,无以立

yě bù zhī yán wú yǐ zhī rén yě
也。不知言,无以知人也。"

后记

编写这本书,缘于众多机缘。作为广西高校成立的首个教育发展基金会,我们一直努力发挥自身和广西师范大学的平台优势,整合社会力量,参与并支持广西基础教育的发展。2009年春,桂林冠泰地产董事长汪国民和副董事长许翔先生主动与我们联系,希望与教育发展基金会合作,创新企业参与公益事业和承担社会责任的方式,为促进广西乡村教育和桂林市慈善公益事业的发展做一些实实在在的事情。经多次沟通,我们把重点定在"弘扬国学,共建心灵文化家园"上,并于2010年3月联合广西青少年发展基金会启动了"希望教师"项目,举办了多期乡村中小学国学骨干教师培训班;2012年10月,资助邀请王财贵先生到桂林举办"全民读经·论语一百"报告会,王财贵先生身体力行,他所推广的"儿童诵读经典"教育,让我们深受感动和启发,更坚定了我们"弘扬国学"的信念;2013年3月,"小黑板计划"公益项目开始组织并支持获得国家奖助学金和助学贷款的大学生,利用寒、暑假,返乡与家乡孩子尤其是孤儿和留守儿童一起诵读国学。该公益活动得到广大大学生的积极响应,不到一年,公益足迹已遍布全国28个省(市、自治区)。随着"希望教师"和"小黑板计划"公益活动的深入开展,出版相关的国学书籍就变得尤其迫切,对此,桂林冠泰地产再次慷慨解囊。此外,原广西师范大学校长、广西儒学学会名誉会长张葆全教授和广西师范大学出版社也给予了大力支持。正是因为有了这么多专家、爱心企业、民间团体和大学生志愿者的支持,这本《学庸论语》才能在这么短的时间内得以出版。

党的十八大以来,习近平总书记等中央领导就重视和完善中华优秀传统文化教育的问题做了一系列重要讲话,教育部于2014年3月26日专门颁发了《完善中华优秀传统文化教育指导纲要》,我们深受鼓舞,这是对所有参与和支持我校教育发展基金会、弘扬国学的专家、大学生志愿者和爱心企业的最大肯定和鼓励。

《学庸论语》编写出版了,我们谨对所有为此付出心血、表示关心和给予支持的个人和集体表示衷心的感谢。除了上面提及的,我们还要感谢共青团广西壮族自治区委员会、广西学生资助管理办公室、桂林罗山湖集团有限公司、共青团桂林市委员会,以及广西师范大学、桂林理工大学、广西中医药大学、广西科技大学、桂林医学院、贺州学院等高校学生资助管理中心,此外还有广西师范大学党委书记王枬、广西师范大学校长梁宏、共青团广西区委副书记严霜、广西教育厅思政处处长李美清、广西学生资助管理办公室主任农汉康和副主任全斌、广西青少年发展基金会理事长吴宗勋、桂林冠泰地产总经理王强等领导和社会爱心人士,感谢他们在书籍出版和弘扬国学公益活动中所给予的鼓励和支持。尤其要感谢为编写本书付出辛勤劳动的张葆全、陈广林、罗元三位老师。

参与本书编写和弘扬国学公益活动的人员还有刘湞、李义安、李茂军、窦兆娜、龙玉微、罗晟、赵森、李洋洋、何俊炜等,此外,书法篆刻家唐长兴也应邀为本书封底提供了精美篆刻。在此一并致谢!

由于时间仓促,水平有限,疏漏之处,在所难免,恳请大家不吝赐教!

广西师范大学教育发展基金会副理事长兼秘书长

丁 静

2014年5月4日